宇航产品集成开发模式与方法

袁利　李永　戈强　著

科学出版社
北京

内 容 简 介

本书在对国内外先进宇航产品开发方法进行深入研究的基础上，结合其开发特点，总结提炼了宇航产品集成开发模式的研究成果和工程应用经验，重点阐述了宇航产品需求分析及规划、模块化设计、支撑技术开发管理、产品团队管理、全生命周期流程管理、知识管理和产品保证的内容。本书力求做到理论和实践相结合，列举了大量工程应用案例，为实现宇航产品集成开发提供理论和实践指导。

本书可供从事宇航产品开发的管理人员和技术人员阅读，可供从事航空、船舶、兵器等大型复杂装备研制的管理人员和技术人员，以及其他相关领域的管理人员和技术人员参考。

图书在版编目(CIP)数据

宇航产品集成开发模式与方法／袁利，李永，戈强著．—北京：科学出版社，2022.11

ISBN 978-7-03-072723-7

Ⅰ．①宇…　Ⅱ．①袁…　②李…　③戈…　Ⅲ．①航空工业—工业产品—产品开发—研究　Ⅳ．①F407.56

中国版本图书馆 CIP 数据核字(2022)第 120694 号

责任编辑：徐杨峰／责任校对：谭宏宇
责任印制：黄晓鸣／封面设计：殷　靓

科学出版社 出版
北京东黄城根北街 16 号
邮政编码：100717
http：//www.sciencep.com

南京展望文化发展有限公司排版
苏州市越洋印刷有限公司印刷
科学出版社发行　各地新华书店经销

*

2022 年 11 月第　一　版　开本：B5(720×1000)
2022 年 11 月第一次印刷　印张：12 1/2
字数：202 000

定价：100.00 元

前　言

宇航产品是构建航天器的基石，宇航产品开发是航天器研制过程中的重要组成部分。如何能够优质、高效地开发出高可靠的宇航产品，是宇航企业一直在探索的重要课题。

经过几十年的发展，我国航天领域进入到战略转型期，产业规模快速扩展，重大宇航任务陆续启动，市场竞争愈加激烈，宇航产品呈现出"需求多、难度大、成本低、周期短"的特点，对于宇航产品开发提出了更高的要求，因此需要进一步探索宇航产品开发的内在规律，优化产品开发体系，全方位推进宇航产品开发模式创新。

面对新形势要求，北京控制工程研究所开展了一系列创新和实践，结合宇航产品特点，充分继承以往经验，引入集成产品开发思想，构建了宇航产品集成开发模式。

为了全面总结宇航产品集成开发方法的成果经验，系统推广其中的理论和方法，加强对于宇航产品开发的研究和交流，撰写了本书，全书分为八章：

第一章概论，主要介绍航天器和宇航产品的特点、常见的产品开发方法、IPD 开发方法的核心思想和组成部分，以及宇航产品集成开发模式的内涵等内容；

第二章产品需求管理及规划，重点从需求分析、产品规划、产品立项三个方面介绍如何在用户需求分析的基础下开展产品规划和立项工作；

第三章模块化设计，从模块创建与维护、模块选用与设计两个方面介绍宇航产品模块化设计目的、原则和实施方法；

第四章支撑技术开发管理，着重从规划、开发、选用和岗位四个方面介绍如何开展宇航产品支撑技术开发管理；

第五章产品团队管理，重点从跨部门产品开发团队组建和产品开发机制建设两方面介绍如何打造高效的宇航产品开发团队；

第六章全生命周期流程管理，主要介绍如何构建宇航产品全生命周期管理流程，实现技术开发、产品开发和产品评估全生命周期的规范管理；

第七章知识管理，从知识管理的内涵入手，介绍知识管理与产品开发之间的逻辑关系，从知识获取、知识存储、知识共享和知识应用四个方面介绍知识管理过程；

第八章产品保证，从风险管控角度介绍在宇航产品开发过程如何运用产品保证方法与技术，科学开展产品保证活动，确保产品质量符合型号任务要求。

编著本书时，笔者遵循两个基本原则：其一，所有的实践都有真实案例支持；其二，所选取的实践都是被证明有效且易于实施的。

在实践过程中，笔者发现，宇航产品集成开发模式生搬硬套是不可能的，也是不可取的。同样，也不可能选出一种工具、技术或流程，能在任何地方都发挥同样的效力。但有一点是确定无疑的，每一家企业都应建立适合自身的产品开发模式。期待读者能够通过阅读本书，对产品开发有新的认知与收获。

书中相关理论和方法在推行和应用过程中，得到了五〇二所相关部门的大力配合。五〇二所相关部门也为本书提供了大量素材和实例。其中，戈强、王晓北、胡添元参与撰写了第一章，管乐鑫、宋晓慧、曹宇、李勇参与撰写了第二章，褚宏伟、李春江、冯丹参与撰写了第三章，姜丹丹、李刚、何婷参与撰写了第四章，王志敏、周璐参与撰写了第五章，管乐鑫、金剑桥参与撰写了第六章，李献斌、姚兆普、沈娟、石郑伟参与撰写了第七章，王慧媛、顾正成、李振、肖晓参与撰写了第八章。此外，科学出版社在本书撰写和出版过程中给予了大力支持，在此一并表示感谢。

本书在撰写过程中力求做到结构完整、概念准确、阐述清楚，但因宇航产品集成开发模式的创建和实施是一项创新性和探索性的工作，本书中的内容难免有错误和疏漏之处，恳请各界专家、学者和广大读者给予批评指正。

袁　利
2022 年 2 月

目　录

第一章　概　论

产品，是指一组将输入转化为输出的相互关联或相互作用活动的结果，关联着企业开发和生产以及用户选购和消费。因此，产品的本质涵盖了开发、生产、应用等全周期环节。宇航产品是指宇航系统（如航天器系统）中通过开发、研制和生产过程形成的硬件/软件，按照组成的复杂程度分为系统、分系统和单机三个层次[1]。

1.1　宇航产品简述

1.1.1　航天器系统及其特点

航天器是按照天体力学的规律在太空中运行，作为开展太空探索、开发和在特殊的宇宙空间环境中执行特定任务的飞行器。

1. 航天器分类

航天器包括卫星、深空探测器、空间站和飞船。

卫星又称人造地球卫星，是目前数量最多的航天器，占航天器总数 90% 以上。卫星按照用途可以分为应用卫星、科学卫星和技术试验卫星。应用卫星是直接为国民经济或军事服务的卫星，如通信卫星、侦察卫星、气象卫星、导航卫星等。科学卫星主要用于科学探测和研究。

深空探测器是脱离地球引力场、对地球以外的天体开展空间探测活动的航天器，按照对象可以分为月球探测器、行星和行星际探测器等。例如，2020 年 7 月，我国首个自主火星探测器“天问一号”在文昌航天发射场升空，并于 2021 年 5 月成功着陆于火星乌托邦平原。

空间站又称太空站，作为大型载人航天器，在地球近地轨道长时间运行，可供多名航天员巡访、长期工作和生活。飞船是一种运送航天员、货物到达太空并安全返回的航天器，按照用途可以分为载人飞船和货运飞船。中国空间站是一个多模块在轨组装的空间实验平台，是规模较大、长期有人参与的国家级太空实验室，可支持航天员长期在轨生活和工作。在轨运行期间，由载人飞船往返运送航天员，完成航天员乘组轮换，由货运飞船完成物资补给和废弃物下行。

2. 航天器组成

航天器由不同功能的若干分系统组成。以人造地球卫星为例，一般由有效载荷（专用系统）和平台（保障系统）两大部分组成。其中，有效载荷是航天器上直接完成特定任务的仪器、设备等；平台是支持有效载荷工作的组合体，为有效载荷的正常工作提供控制、支持和保障等服务[2]。

航天器根据任务不同需安装不同的有效载荷，例如，天文卫星安装天文望远镜、光谱仪和粒子探测器等有效载荷，侦察卫星安装可见光或红外相机、合成孔径雷达、微波装置等有效载荷，通信卫星安装大量的转发器和通信天线等有效载荷。

平台是由保障系统组成、可支持有效载荷的组合体。航天器平台一般包括结构与机构分系统、热控分系统、数据管理分系统、测控分系统、控制分系统、推进分系统、供配电分系统等。其中，结构与机构分系统是用于支撑、固定仪器设备，使它们构成一个整体，以承受地面运输、发射和在轨应用时的各种力学工况和空间环境，保证航天器完成各种功能的分系统；热控分系统是用于控制航天器内部环境与外部环境之间的热交换过程，使航天器上装载的仪器设备和功能部件的温度处于允许的温度范围内的分系统；数据管理分系统是用于存储各种程序，采集处理航天器上各分系统数据，协调管理航天器各分系统工作的分系统；测控分系统是执行航天器遥测、遥控、跟踪和测轨功能的分系统；控制分系统是航天器在轨运行姿态控制和轨道控制的分系统；推进分系统是按照火箭推进原理，同控制分系统协同完成姿态控制和轨道控制功能的分系统；供配电分系统是产生、存储、变换、配置电能的分系统。

3. 航天器特点

航天器要被发射到地球大气层之外进行航行活动，需要处于苛刻的运行环境中正常工作几年甚至十几年，有的航天器还要返回地球或在其他天体上着陆；同时，航天器研制涉及众多的技术、复杂的过程、众多的参研单位，航天器高质量、高可靠的任务要求与小子样、一次成功的研制特点形成了鲜明的对比。综上所述,航天器具有以下特点。

(1) 应用环境恶劣。航天器首先要经历发射过程中运载器(例如火箭)恶劣振动环境的考验。在轨运行期间,航天器长期处于高真空、高辐射、温度冷热频繁交变的空间环境中,真空、太阳电磁辐射、高能粒子辐射、等离子体、大气和磁场等复杂并且难以预测的空间环境给航天器的稳定运行带来了极大的风险。

(2) 工程复杂度高。航天器研制涵盖了众多基础学科,在研制中应用了大量工程技术和方法,高度融合各种专业和技术,包括力学、热力学、材料学、电子技术、自动控制技术、计算机技术、喷气推进技术和制造工艺技术等,同时众多企业广泛的协作对工程管理提出了很高的要求。这些因素大大增加了航天器研制的复杂程度。

(3) 可靠性要求高。在地面,不论是作为战争利器的飞机、舰船,还是出现在百姓之家的汽车、家用电器,如果出现故障,都可以进行维护、维修或者更换。但是,航天器一旦发射入轨后,需要在近乎无维护支持的情况下,以自主运行模式完成任务,并达到高性能、高质量和高可靠性要求。航天器一旦出现在轨故障,除空间站、载人飞船等少数航天器以外,一般不能进行在轨直接维修。同时,航天器的寿命需求不断提升,由原来的数个月提高到十几年甚至更高,航天器一旦出现故障不仅会造成经济上的巨大损失,在政治和军事上也将带来不良影响,因此,航天器最重要的要求是“安全可靠”。

1.1.2 宇航单机产品及其特点

宇航单机产品一般是指能完成规定的功能,同时在被分解和再组装后能保持其功能的设备,或具有独立功能、完整结构和明确机、电、热等接口的构成分系统的产品[3]。

以航天器控制分系统和推进分系统为例。控制分系统涉及的宇航单机产品包含机电类、光电类和电子类产品,其中,机电类产品有飞轮、陀螺、太阳帆板驱动机构、控制力矩陀螺等,光电类产品有星敏感器、地球敏感器、太阳敏感器等,电子类产品有控制计算机、驱动控制单元等。推进分系统涉及的产品有推力器、气瓶及贮箱等。图 1-1 为航天器控制分系统和推进分系统产品示意图。

作为航天器的主要组成部分及载荷,宇航单机产品同样具备应用环境恶劣、工程复杂度高、可靠性要求高的特点。此外,宇航单机产品还具有多

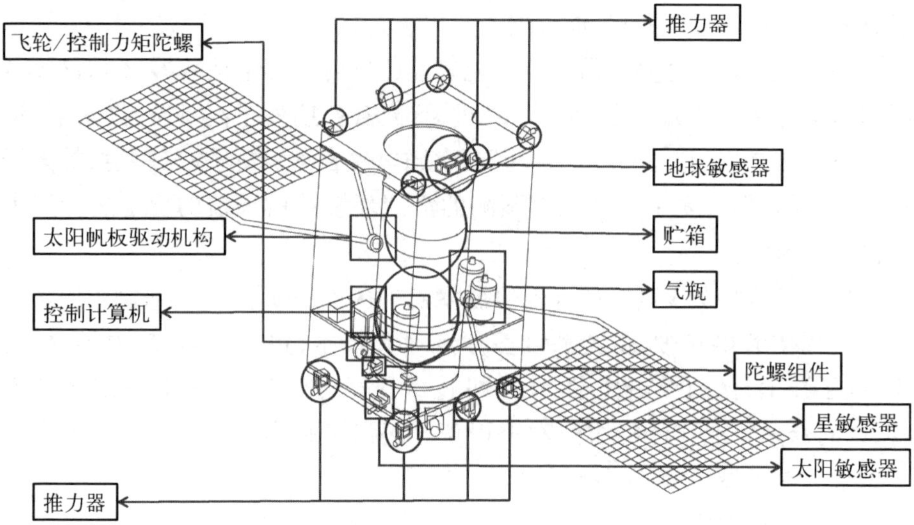

图 1-1　航天器宇航单机产品示意图

品种小批量的特点。宇航任务需满足天基通信、导航、遥感、载人航天、深空探测、星表行走等多类型需求，宇航单机产品涉及测控、控制、动力推进、动量提供、逻辑处理等多种用途，使得宇航单机产品种类繁多；同时，宇航型号任务数量有限，而每个型号任务上配置的每种宇航单机产品的数量都不多，客观上具有小批量、小子样的特点。如卫星用星敏感器产品，为了满足不同任务要求，需要研制中等精度、高精度、甚高精度、超高精度等产品，还需针对特殊工况开发定制化产品，每种产品在卫星上的配置数量一般为 2~4 台，因此生产上难以形成规模化。

因此，宇航单机产品开发必须贯彻系统工程思想，在吸收国内外相关实践和研究成果的基础上，不断进行理论和方法创新，对宇航产品开发过程进行持续优化，满足小子样条件下产品高性能、高质量、高可靠性的要求，保证型号任务圆满成功，在轨稳定运行。

1.2　产品开发模式简述

1.2.1　常见的产品开发模式

随着宇航市场逐步开放以及商业航天的快速发展，用户需求逐渐呈现出多样性和探索性特征，宇航企业必须主动寻求突破以提升自身的应变能力。产品开发作为宇航企业核心的经营活动，更是当务之急。

目前，产品开发管理已经成为了一项专门、热门的研究领域，适应时代要求的开发模式不断涌现。常见的产品开发模式有集成产品开发(integrated product development，IPD)、门径管理系统(stage-gate system，SGS)、产品价值管理(product value management，PVM)和能力成熟度模型集成(capability maturity model integration，CMMI)等[3]。

1. IPD

IPD思想来源于产品及周期优化法(product and cycle-time excellence，PACE)，由IBM在实践中创建。IBM在总结IPD时提出，通过市场重组、流程重组和产品重组"三大重组"实现对于产品开发模式的变革[4]。

(1) 市场重组：将产品和技术的实现活动与市场活动有机结合，利用投资的理念和方法来管理产品的开发，实现投资和市场的共同成功。

(2) 流程重组：将原来串行运作、跨部门协调困难的产品开发过程，通过组建跨部门团队和建立结构化并行协同流程，转变为协同、可控、高效的开发过程。

(3) 产品重组：通过技术/平台规划和通用模块管理，实现技术、零组件、模块等产品纵向不同层次的异步开发，减弱各层次之间的依赖关系，实现技术、零组件、模块等在不同产品之间的重用与共享。

2. SGS

SGS由Robert G. Cooper于20世纪80年代创立，并应用于美国、欧洲、日本的企业，指导新产品开发。SGS是一种把新产品开发项目从概念推进到发布的操作模型，它将产品开发流程划分为一系列预先设定的阶段，每个阶段由一组预先计划的、跨职能的、并行的活动组成，并在通向每一阶段处设置关口，进行决策。

SGS重视寻求突破性的新产品构思和产品概念。认为一个良好的新产品创意将有助于企业获得更好的市场表现从而获得竞争优势，在新产品立项前开展仔细的分析和研究，把重心从具体的产品开发层面提升到产品价值层面。

SGS关注有效的入口决策和组合化管理。在产品开发的每个阶段都要设置关口进行决策，以杜绝没有价值的产品浪费。此外还需要进行多个产品的优先级排序，发挥企业资源的组合优势。

SGS 强调投放市场前的营销工作。产品的价值最终通过市场营销来实现，因此从开发的最初阶段就应该考虑如何营销，在开发完成前完善营销方案。

SGS 建议企业制定产品创新战略。对企业而言，持续的竞争力表现在不断推出成功的新产品，制定有远见的产品创新战略和产品规划将有助于每个新产品的开发和决策。

3. PVM

PVM 的思想是基于盈利模式、D. Lehmann 和 Crawford 的《产品管理》(*Product Management*)及 SGS，于 2002 年创立的产品开发和管理模式，被许多全球知名品牌企业所采用。PVM 详细说明了盈利模式及其设计方法，以顾客、需求和市场为焦点，以竞争和利润为导向，从企业愿景、战略落实到产品规划，围绕产品管理和产品生命周期轴线，规范新产品从概念到商业化的整个过程，强调基于商业模式的价值链和价值流分析，认为合理的战略与严密的评价程序是产品开发的可靠保证。

PVM 的核心内容：

(1) PVM 重视盈利模式和价值链分析，认为“成功基于优秀的组织，卓越源于非凡的盈利模式”，强调产品规划和产品管理，把重心从具体的产品开发层面提升到产品价值和战略层面；

(2) PVM 认为需要有效的产品开发流程入口管理和决策评审，把产品开发流程和市场管理流程有机地融合在一起，以减少没有价值的产品浪费有限的企业资源。

(3) PVM 突出产品需求分析、产品概念和营销组合的协调，以实现顾客价值，发挥企业资源的组合优势。

(4) PVM 强调项目管理对于产品开发的核心作用，主张产品管理实行产品经理制。

(5) PVM 关注技术开发平台建设、核心技术开发和成本价值工程，认为系统化的思维方式是改善开发绩效的正确途径。

(6) PVM 认为企业就是经营核心竞争力，倡导研发策略联盟，企业间的竞争将转向产品管理的竞争。

4. CMMI

CMMI 在软件能力成熟度模型(capability maturity model for software, CMM)的基础上发展而来[5,6]。CMMI 是由美国卡内基梅隆大学软件工程研究所组织开发并推广实施的一种软件能力成熟度评估标准，主要用于指导软件开发过程的改进和软件开发能力的评估。通过软件项目经验的积累,改进软件项目的管理过程,增强软件的交付能力,提高交付速度,降低交付成本。

CMMI 模型是产品开发活动的最佳实践,涵盖了产品从概念构想到交付、维护的全生命周期的一系列活动。实施 CMMI 可以帮助企业将项目目标与 CMMI 模型相结合,持续改进开发过程。

实施 CMMI 的作用主要体现为:

(1) 通过规范项目过程,保证产品开发进度,提高产品质量,实现成本可控;

(2) 通过与用户进行充分沟通确认,使得需求的变更对项目的影响降低;

(3) 通过对项目输出文档进行统一配置管理,形成组织资产,解决由于人员流动带来的资产流失问题,实现共享和传承;

(4) 通过量化管理方法使得工作量的估算更加准确,计划更加可靠;

(5) 通过项目监控,分析项目数据,及时发现偏差并纠错,提高项目质量。

CMMI 共有五个级别,从一级到五级,覆盖了 22 个过程域,代表软件开发能力成熟度的五个等级,级别越高,成熟度越高,综合开发能力越强。如果达到 CMMI 三级标准,可以认为企业的流程、过程规则等已经达到一个较好的水平。

随着 CMMI 的升级完善,CMMI 充分考虑了软件工程与系统工程的集成,使得 CMMI 不再局限于纯粹软件的范畴。

CMMI 是面向开发的,将流程分解成相对离散的关键过程域,属于过程管理,而 IPD、SGS 和 PVM 三种模式均为面向企业层面的产品开发模式,将产品开发看作一个整体流程。但就具体流程和活动而言,CMMI 与 IPD、SGS、PVM 的原则和实践是具有相通性的,是可以融合的,华为公司在实施 IPD 的过程中,就与 CMMI 进行了融合。

5. 产品开发模式比较

对 IPD、SGS 和 PVM 三种模式进行分析比较,三者之间具有相似性:

(1) 三种模式均为面向企业层面的产品开发模式,本质上都是一种产品经营模式;

(2) 三种模式都将产品开发看作一个整体流程,都强调按某种标准对产品开发阶段进行划分,以便于管理开发过程,如 IPD 将产品开发划分为概念、计划、开发、验证、发布和生命周期六个过程;

(3) 三种模式都强调利用跨职能部门的团队进行沟通、协调和决策,管理和开发产品，以便在团队内统筹考虑到市场、研发、生产、质量及财务等重要因素，并行管理以提高整体效率；

（4）三种模式都强调对产品开发各阶段进行决策，如中止、暂停、推迟等，控制资源投入的节奏，降低风险，杜绝浪费；

（5）三种模式都强调产品开发的组合管理，从企业层面制定标准划分产品的优先级别，以匹配、协调企业资源，均衡外部市场机会与企业内部能力之间的矛盾。

同时，IPD、SGS 和 PVM 三种模式在产品战略、技术管理等方面也存在不同，如表 1－1 所示。

表 1－1　IPD、SGS 和 PVM 的不同

比较项目	产品战略	技术管理	投资分析	市场导向	结构化开发	复用	执行难度
IPD	产品平台战略	开发共用技术	优化投资组合	用户需求分析	结构化并行流程	CBB	较大
SGS	产品创新战略	/	筛选有价值的项目	开发各阶段均需测试顾客反应，且与营销计划结合	/	/	中等
PVM	产品战略规划	开发核心技术	盈利模式与价值链分析	顾客价值定位、精确需求分析与产品概念相结合	研发策略联盟、异步开发	技术开发平台建设	较小

IPD、SGS 和 PVM 三种模式有着各自的特点，所以三种模式在适用性方面也有所区别：

（1）IPD 适用于技术复杂度较高、管理能力相对成熟的企业，可以创建全面的体系竞争优势；

（2）SGS 适用于新产品技术相对简单、市场风险较大、产品更新较快的企业，以灵活的市场机会来牵引新产品开发；

（3）PVM 适用于较难实现差异化、行业竞争激烈的中小型企业和创新型科技企业，在解决问题的同时形成有核心优势的开发管理体系和新产品开发流程。

以上的方法中,IPD 最为引人注目,世界 500 强中大部分公司都直接或间接采用了 IPD 模式。波音公司和洛克希德·马丁公司的臭鼬工厂积极尝试了 IPD 模式,著名的波音 777 飞机的研制过程就是对 IPD 模式的具体实践,而臭鼬工厂采用高度集中的组织、用最短的时间和最少的金钱,甚至在没有先进计算机系统的条件下,开发出了最先进的军用飞机。波音公司和洛克希德·马丁公司的成功实践证明了 IPD 是一种领先的、成熟的产品开发模式,它是根据大量成功的产品开发管理实践总结起来的,并被大量实践证明是高效的产品开发模式。下文将对 IPD 进行重点介绍。

1.2.2 IPD 方法简述

1.2.2.1 IPD 的发展历程

1. IPD 内涵

1992 年,IBM 遭受了巨大的经营挫折,年亏损额近 80 亿美元。为了摆脱经营困境,IBM 实施了以系统性开发管理解决方案为核心的企业再造方案。IBM 系统引入了 PACE,取得了显著效果,产品开发周期缩短、产品开发成本降低、产品质量得到显著提升、开发投入损失费用明显减少。1993~1998 年,总共节省了 120 亿美元的费用,硬件开发时间从 4 年缩短为 16 个月。后续,IBM 将 PACE 的实施过程总结提炼,形成了一套行之有效的产品开发模式——IPD[7]。

IPD 已经得到了广泛的认同,IPD 的内涵不断深化,范围也越来越广,如今的 IPD 早已不是当年的 IPD,但究竟什么是 IPD,一直以来有许多学者和机构都尝试着给出定义。

德国学者对 IPD 给出了以下的定义:IPD 是一种在恰当的时机、以合适的性价比开发有竞争力、高品质产品或服务的以人为本的工作模式。IPD 描述了在资源使用最节约的情况下,应用整体的和多学科的方法、过程和组织形式以及人工或计算机支持的工具。

美国空军研究机构为 IPD 做出了如下定义:集成产品开发是通过运用多个学科组成的小组来系统地进行新产品开发,以满足用户需求为理念,集成和并行执行产品开发的过程。

美国软件工程研究院对 IPD 的定义是:IPD 是一种面向用户需求,将贯穿产品生命周期的活动进行及时协同的产品开发系统方法。

IPD 是灵活的，是与企业的历史、文化、行业等自身特点相适应的；IPD 是发展的，企业的发展阶段不同，其侧重点是不同的；IPD 是包容的，随着企业的需要可以吸收其他产品开发模式的优点持续完善自身。

2. IPD 实施案例

IPD 最早于 1998 年登陆中国，第一家引进和实施 IPD 的中国企业是华为技术有限公司（以下简称“华为”），华为也是公认实施效果最好、受益最大的中国企业[8,9]。

1998 年年底，华为的开发人员已达四千多人，业务范围从固话交换机扩展到传输、无线、多媒体、智能网络等，似乎离任正非“三分天下有其一”的目标越来越近，但是实际上公司的发展却陷入了与曾经的 IBM 公司相似的境地：

（1）公司规模越来越大，营业收入逐步提升，但毛利率却大幅降低，同时公司人均税前收入明显低于爱立信公司、阿尔卡特公司等主要竞争对手；

（2）新产品研制缓慢，产品重复开发，开发成本不断上升，研制周期漫长；

（3）公司开发过多的关注技术，却忽视了市场和财务；

（4）产品功能越来越多，但稳定性和可靠性远低于竞争对手；

（5）公司实行的是强项目管理模式，所有人都关注项目成功，忽视平台产品或平台技术的积累和共享，开发浪费严重。

华为认识到，如果不建立一套科学规范的开发体系，就无法解决这些问题，无法与国际竞争对手抗衡，“三分天下有其一”只能成为梦想。任正非曾说过：“华为公司想要活下去，唯一的出路就在于改革。要努力提高我们的管理水平。华为要不断进行自我批判，抛弃一切可以抛弃的东西，虚心向世界最佳学习。”

虽然华为与 IBM 所处的行业完全不同，但是在产品开发上有相似之处。无论在经营还是在管理上，IBM 都成为了华为学习的第一选择。“向 IBM 学习！”成为华为整个公司的口号，IBM 自然而然地成为了华为 IPD 变革的咨询方。

华为的 IPD 实施过程大致可以分为三个阶段。

（1）变革阶段。1999~2002 年，在 IBM 的指导下开展“僵化实施”，通过变革管理，打破原有体系，组建集成组合管理团队和产品开发团队，制定 IPD 产品开发流程，构建规范的项目管理机制。

（2）推广阶段。2003~2006 年，全面推广 IPD 产品开发流程，构建技术管理体系,将市场、技术和产品之间实现无缝对接,同时随着 IPD 的不断推广实施,不断完善 IPD 管理体系。

(3) 全面集成阶段。2007 年以后,将 IPD 融入公司整体业务和质量管理体系,进一步加强各项支撑体系(如文档管理、外协管理)的管理和建设,融入敏捷开发理念,对整个体系不断进行优化,构建世界级的开发体系。

实施 IPD 对于华为来说是一场艰巨但又必须要拿下的变革。自引入 IPD 体系后,华为通过自身的消化吸收,将 IBM 等企业成功的经验融入规范的体系中,在实践中不断发展和完善 IPD,在原有基本框架的基础上,不断拓宽 IPD 的范围,深化 IPD 的内涵,优化了华为的整体运行体系和运行效率。至 2003 年,产品质量得到显著提高,产品平均上市周期从 1999 年的 75 周缩短为 48 周。华为初步建立了世界级的产品开发管理体系,形成了世界级的产品开发能力,与世界一流企业建立了共同的管理语言。

到 2012 年,在推行 IPD 体系十余年后,华为对 IPD 给出了自己的总结:IPD 是基于市场和用户需求驱动的产品规划和开发管理体系,其核心是由来自市场、开发、制造、服务、采购等方面人员组成的跨部门团队共同管理整个产品规划和开发过程,即从产品规划、用户需求、概念形成、产品开发、上市,直至生命周期的完整过程。通过 IPD 体系,使产品开发更加关注用户需求,加快市场响应速度,缩短产品开发周期,减少报废项目,减少开发成本,提高产品的稳定性。

华为 IPD 体系的要点可以总结如下。

(1) 开发是投资行为:IPD 是商业模式,关注商业结果,将产品开发作为一项投资进行慎重管理。

(2) 跨部门团队:IPD 体系广泛采用跨部门团队,汇集所有领域的专业智慧和资源形成合力,共同对项目成功负责。

(3) 结构化流程:按照不同阶段,制定结构合理、定义清楚、“端到端”的 IPD 流程,资源分批受控投入,既规范项目管理,又降低投资风险。

(4) 与时俱进:IPD 是灵活的、发展的,在不断吸收业界最佳实践和解决业务问题的过程中与时俱进。

1.2.2.2 IPD 的核心思想

IPD 的核心思想主要包含以下五方面[7,8]。

1. *产品开发是投资行为*

IPD 将产品开发作为投资项目来进行管理。聚焦企业核心业务,将企业有限的资源配置到核心产品的开发中，不断提高核心产品的竞争力，以保证企业利益的最大化。为了提高企业投资决策效率，企业内部一般会成立投资决策评审委员会，这是一个由企业高层管理者组成的跨部门团队，代表企业进行产品开发的投资分析与决策，并将资源分配给符合企业战略发展的产品开发项目。

2. 基于市场的产品规划和开发

IPD 强调产品开发是基于市场导向，而不是以销售为导向或者技术为导向。在市场调研分析的基础上进行产品的规划和开发。在产品开发前，充分开展市场调研、需求分析、竞争分析、市场定位等活动，正确定义市场需求和产品的概念，认清用户的真正需求，在产品的开发过程中始终以用户需求为中心。IPD 把市场需求作为一个管理对象，用规范的方法、流程和工具来管理。需求管理是产品和技术开发的重要支撑，为产品和技术开发提供输入。

3. 基于共享平台的复用

IPD 中的产品开发是基于共享平台的开发。所谓共享平台，就是将不同产品之间的共用的技术要素、零组件、模块等按照不同层次统一管理，不同层次之间相互解耦，就可以实现不同层次的异步开发、提前储备。产品开发时，在共享平台的基础上加入根据用户需求定制的技术、零组件或模块，就可以更加迅速地对市场作出反应，保证产品开发的效率，实现产品开发多快好省。

4. 跨部门协同

产品开发不仅仅是产品部门的工作，它是企业各个业务部门互相合作才能完成的工作，包含市场部门、研发部门、生产部门、采购部门、财务部门、质量部门等。组建跨部门的开发团队，负责产品规划、决策和开发实施工作，在共同的目标下，充分授权，通过协同的方式开展工作，构建基于跨部门团队的绩效管理机制，确保沟通、协调和决策高效开展，打破职能部门之间的壁垒，解决部门之间合作的难题。

5. 结构化并行流程

建立结构合理、定义清楚、“端到端”的跨部门的开发流程。产品开发的各项技术活动和职能活动并行作业，各方面的人员在一开始就参与进来，缩短开发周期。设置必要的评审点，实现高层决策团队、专家团队和产品团队之间的互动，资源分批受控投入，既满足产品开发需要，又避免投资失控。

1.2.2.3 IPD 的组成部分

常见的 IPD 体系框架如图 1－2 所示。

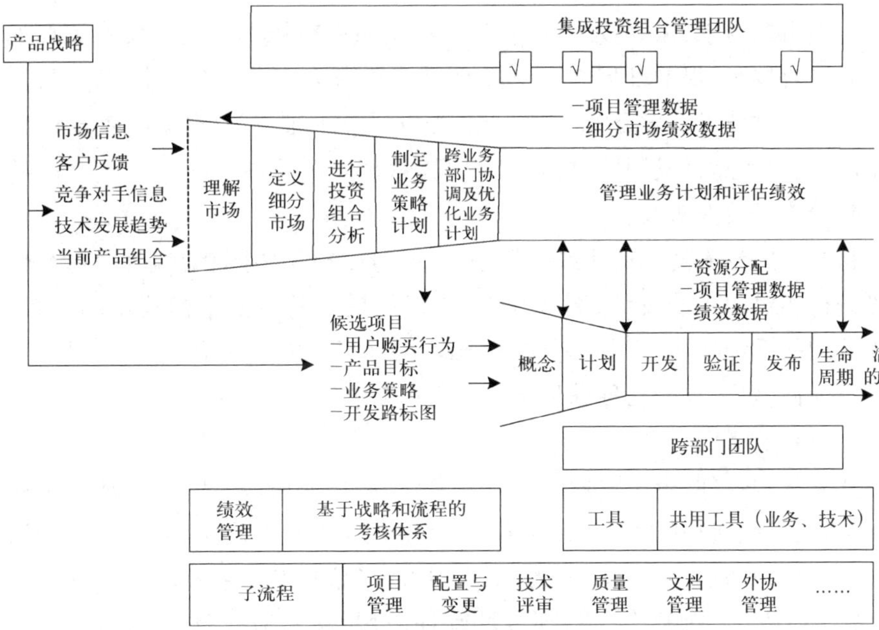

图 1－2 IPD 框架图

概括来说，IPD 的组成部分主要包括：需求管理、基于市场的规划和开发、技术异步开发、平台化开发、结构化并行流程、矩阵式管理和数字化工具等[7,8]。

1. 需求管理

以用户为中心，把用户需求作为一个管理对象，用规范的方法、流程和工具来管理，使需求能够准确、及时地传递到产品开发或技术开发过程，通过专业的分析判断，确定相应的开发策略，保证需求能够得到及时响应。需求管理包括五个过程：需求收集、需求分析、需求分发、需求实现和需求验证与确认。

2. 基于市场的规划和开发

根据企业总体战略规划，在需求、竞争和资源分析的基础上，制订产品开发策略，明确细分用户群，确定产品的功能、性能、规格、卖点等要素，制定产品业务计划，形成开发任务书。IPD 提供了一致的方法论，确保各产品线、各部门的规划都围绕企业战略目标进行，能够按照统一的模式制订、优化、管理和评估业务计划。

3. 技术异步开发

根据市场需求，做好技术规划工作，识别未来市场和产品开发所需要的核心和重要技术，提前开展核心和重要技术的开发工作，扫清技术障碍，为产品开发提供技术支撑，解决制约产品开发的技术难点问题，降低产品开发的难度，缩短产品开发周期，提高产品开发效率。

4. 产品平台化开发

将产品拆分成若干功能或结构独立的模块，模块之间相互解耦，每个模块可进行相对独立的设计、测试和生产，以模块为基本要素构建产品平台，包含共用的系统架构、产品、零组件、核心技术等，供产品开发选用，提高产品的灵活性，以更少的品种满足更多的用户需求。

5. 结构化并行流程

建立结构合理、定义清楚的并行开发流程，按照阶段、活动、子活动逐层细化，指定各项活动的负责人，明确各项活动的逻辑关系，将可以并行的活动解耦，提高开发效率，缩短开发周期。IPD 产品开发流程一般分为 6 个步骤：概念阶段、计划阶段、开发阶段、验证阶段、发布阶段和生命周期管理阶段。

6. 矩阵式管理

建立跨部门开发团队，团队成员来自不同部门，直接向项目负责。职能部门专注于资源的建设和管理，不仅可以对项目的运行提供资源和能力的支持，同时有利于纵向做深，积累和提升能力。这样就形成了一个交叉的相互配合的矩阵式组织结构。

7. 数字化工具

数字化技术对提升企业产品开发能力的影响是巨大的，而数字化协同开发平台正是实现这一目标的有效载体。建设数字化协同开发平台，建立以需求驱动的、端到端的信息关联与追溯机制，实现包含产品需求、产品设计、系统验证、数字化生产、缺陷反馈、变更管理的面向产品全生命周期管理，提升产品的开发效率。

如何建立适合企业自身的产品开发模式，并没有标准的答案，而要关注企业自身的发展阶段、规模大小、业务形态，建立一个适合企业自身的开发模式。而且产品开发模式也不是一成不变的，要根据业务的变化不断的迭代调整,以符合企业发展的需要。

IPD 虽然不是“放之四海而皆准”的方法,但确实是一套值得推荐的产品开发的方法论。除华为外,中兴通讯、方太厨具、夏新电子、康佳集团等不少优秀企业也通过 IPD 的实施提升了企业管理水平。

他山之石,可以攻玉。尽管宇航产品存在特殊性,但是产品开发的内涵是相通的,对于宇航产品开发,IPD 同样有着很大的借鉴参考价值。在引入 IPD 的过程中,不能完全照搬,应当充分考虑自身特点,“有的放矢”,开展本地化研究,要与宇航企业已经建立起来的宇航产品开发体系相融合,充分考虑宇航产品开发的特点,这样才能切实保证 IPD 方法在宇航企业的落地和发光。

1.3 宇航产品开发模式演化

1.3.1 基于型号牵引的项目式产品开发模式

从 20 世纪 70 年代中国成功发射第一颗人造地球卫星“东方红一号”开始,“以型号为主导”的垂直一体化项目式产品开发模式一直是宇航产品开发的主要模式,产品为型号项目定制,服务于特定型号项目。项目式产品开发模式可以分为两个阶段。

1. 第一个阶段:粗放型产品开发

国内宇航企业多数是按照总体单位、专业厂/所和职能部门的形式设置组织机构的。在 20 世纪 80 年代中期以前,往往几年才会发射一颗卫星,产品部门领导往往就是项目经理,带领经验丰富的技术人员,集中优秀人才和优势资源进行“精耕细作”,可以保证产品的质量和进度满足任务要求[10]。

随着型号项目的增多,由于缺乏流程和文档的积累,缺乏规范化的约束和要求,产品开发过程中问题不断,产品进度一拖再拖。

2. 第二个阶段:改进型产品开发

产品开发问题的增加,使得宇航企业认识到必须进行改革,专业化的项目管理成为选择。

(1) 推行大型科研型号项目管理,成立由型号总指挥和总设计师挂帅的型号项目研制队伍,开展专业化的型号项目管理。产品部门更多的是起到资源保障的作用。

(2) 制定技术和计划流程：技术流程是通过梳理型号研制阶段、过程和任务的先后关系，以流程图的方式传承成功的经验，避免曾经的错误；利用工作分解结构(word breakdown structure, WBS)开展工作包分解，明确各项工作的责任部门，划清部门之间的界面，解决部门之间的协调问题。计划流程依据技术流程，开展资源和时间管理，一般采用甘特图的方式，解决计划管控的问题。

(3) 制定型号研制过程中每个步骤的任务输入、输出文档模板，固化以往的研制经验，便于后续型号任务继承和借鉴。

(4) 开展可靠性工程，将以往型号研制过程中出现的可靠性问题和经验总结形成可靠性设计规范，作为后续型号研制的参考。并且，所有人员必须参加培训，做到全员覆盖、全员掌握，避免以后再产生相同问题。

综上所述，基于型号牵引的项目式产品开发模式的典型特征是以项目的形式管理产品开发，其优势是项目管控强、资源调配能力强，在资源许可的前提下，可通过增加资源投入，实现快速复制，迅速提高宇航产品开发能力。在型号任务总量有限时，基于型号牵引的项目式产品开发模式对于宇航产品的开发确实发挥了重要作用。

但是随着宇航型号任务快速增长，基于型号牵引的项目式产品开发模式的不足逐渐显现出来。

(1) 产品缺少前瞻性规划。在项目式产品开发模式下，宇航产品往往处于“被动等待需求、被动接受需求”的局面，也就是等待任务下达后再启动产品开发，根据型号任务需求确定产品特性，产品开发缺乏前瞻性自主规划。短期内虽然可以满足型号任务需求，但是不利于宇航产品的长期发展。

(2) 产品通用性不高。型号任务独立开展研制工作，产品隶属于型号任务，产品开发只关注本型号任务的技术要求，定制化导致各型号产品之间缺乏必要的共享，产品通用性较差、技术状态多，产品状态管理难度大，型号任务微小的需求变化就可能会引起产品较大幅度更改，不利于实现产品批量生产。

(3) 资源利用率较低。在项目式产品开发模式下，宇航企业的组织体系和管理机制是围绕型号任务设置和运行的，所有资源也是围绕型号任务配置的，组织结构和人员设置重复，各级研制资源、人力资源、生产资源利用率较低，企业不得不将有限的资源分散给不同的型号任务，不利于企业形成核心竞争力和规模效益。

单纯依靠扩大科研生产规模，增加科研投入，已经难以满足宇航产品研制能力快速提升和跨越式发展的需求，必须转变思路，优化资源配置，从而提升宇航产品研制能力。

1.3.2 基于产品化的职能式产品开发模式

20 世纪 90 年代，在国防科技领域，开展了通用化、系列化、组合化（简称"三化"）工作，"三化"的设计思想在型号研制中得到落实，为后续产品化工作的系统研究和实践起到了启蒙和引导作用[3]。

随着宇航业务的发展，尤其是 2000 年以后，宇航产品研制逐渐呈现出"多型号并举，高密度发射，寿命和可靠性要求高，新技术比例高"的特点，宇航企业逐步从基于单一型号任务研制的科研型向多型号任务并行的科研与产业并重型转变，对于宇航产品研制能力的要求越来越高。

为了满足日益繁重的宇航型号任务需求，有效缩短产品开发周期，降低产品开发成本，保证产品的质量和稳定性，部分宇航企业启动了基于产品化建设的科研生产模式转型，主要采取如下措施。

（1）建立适应多型号和批产要求的产品体系。打破原有型号任务牵引、全过程垂直管理的局面，确立宇航产品体系框架，实现产品型谱全面覆盖，推动成熟通用产品定型和货架化，完成关键通用产品生产线建设，搭建产品信息共享和工作交流平台，实施平台技术状态固化工作等。

（2）全面实施产品保证。按照专业化分工思路，建立独立的专业化产品保证队伍，赋予技术和管理双重职责，负责产品开发过程技术风险的识别与控制；构建结构化研制流程体系，通过流程再造将产品保证全面融入产品开发过程；优化文件体系，建立各文件之间的关联，依靠文件实现信息在设计、工艺等科研生产相关岗位间完整有效的传递，确保管理的一致性；构建外协管理体系，通过流程适度外延提升外协供方的风险管控能力。

（3）健全产品队伍。构建面向产品的队伍组织，设置产品总工程师岗位，负责产品的发展规划和技术研发；以专业和产品为维度建立独立的产品部门，内部设置研发部、设计部、工程部和生产部，有效衔接设计与工艺实现、制造生产，保证产品部门的技术优势和可持续发展。建立专业化产品岗位体系，为从事产品工作的相关人员提供政策保证。

基于产品化的职能式产品开发模式是为了适应宇航发展的新形势与新要求，对宇航产品开发、生产、质量管理、产品定型和应用等过程进行优化，以满足小子样研制条件下产品高性能、高可靠、高质量的任务要求，在提高产品质量稳定性和提升研制生产效率方面发挥了重要作用，有力促进了科研生产模式转型和保障了宇航型号任务的圆满完成。

但是，近年来，商业航天快速发展，宇航型号任务呈现出新型任务多、成本和周期要求苛刻、大规模定制任务急剧增加等新特点，基于产品化的职能式产品开发模式存在的不足逐步显现出来，主要表现为以下方面。

（1）开发周期较长。

（a）串行工作模式依然占据主流，并行工程尚未全面实施，各个环节之间相互独立，一个环节结束后才把信息传到下一个环节，工作项目间相互等待的情况时有发生。

（b）宇航产品复杂度高，专业化细分程度高，产品开发需要多部门、多专业的配合与协作。但产品开发人员习惯于职能部门的管理，跨部门团队协作不顺畅，部门之间沟通及协调机制不完善，给产品开发带来了障碍。

（c）通过预先研究途径开展的技术攻关与产品开发存在脱节的情况，虽然研究的前瞻性很好，但技术工程应用转化不足，不利于直接用于产品开发。产品开发往往需要重新开展技术研究和验证，导致产品开发周期和成本增加。

（2）开发成本较高。

（a）过度追求可靠性，存在过设计、过验证的问题。由于宇航产品可靠性要求高、维护难度大的特殊性，为了保证产品高可靠性，过于追求设计和验证裕量，未找到指标与成本间的平衡点。

（b）技术和产品开发同步开展。由于技术积累不足，产品开发往往伴随着关键技术攻关过程，通过产品的开发与验证解决技术问题，增加了产品开发的投入。

1.3.3 宇航产品集成开发模式

1.3.3.1 新时期下宇航企业面临的环境分析

宇航产品开发和生产正从“定制化”时代向“产业化”时代迈进，给宇航产品的设计理念、生产方法等带来巨大挑战，这就要求宇航产品的开发过程要具有更高的效率，从而实现快速开发、快速生产，以适应当前宇航业务产业化发展的需求。2014 年之前，全球每年航天器年均发射数量约为百颗。

近年来，在传统宇航业务和商业航天叠加发展的背景下，特别是随着低轨星座的兴起，航天器年发射数量正在经历由上百颗到上千颗的迅速增长，新一代卫星星座中卫星数量都达到了数百颗甚至上万颗。

同时，商业航天快速发展，其经济规模在航天产业中占比超过了50%，成为了航天产业中最具影响力的板块，加速了宇航市场化进程。商业航天企业迅速崛起，依托其灵活的资本运作模式和全球化采购，在宇航市场上造成了较大的冲击。"十三五"末期，我国商业航天发展已经初具规模，形成了国有企业和民营企业竞相追逐的局面。各地方政府积极引导商业航天集群的建设，通过专项资金支持、税收优惠政策、贴息贷款、免收租金等多重手段改善商业航天企业的发展环境。

所以，宇航企业需深入贯彻新发展理念，积极融入新发展格局，以推动高质量发展为主题，以改革创新为根本动力，不断增强竞争力、创新力、控制力、影响力和抗风险能力，坚持自主创新、对标先进，实现重大前沿颠覆性技术创新突破，提高核心竞争力，以面对宇航市场产业化和市场化的发展变化。

1.3.3.2 宇航产品面临的挑战分析

宇航产品具有设计复杂度高、应用工况恶劣、在轨维护难度大等特点，使其产品开发必须高标准、严要求，力求"一次成功、次次成功"，特别是进入产业化、市场化时代后，对宇航产品开发提出了更高的要求。

首先，宇航产品从以往按型号需求开发的定制模式逐渐进入平台化、通用化的开发模式。一类产品同时用于多型号任务，需要提前开展需求调研和统筹，避免由于技术状态蠕变（需求统筹不充分，需求小范围变动导致产品技术状态变更频发），导致产品频繁出现技术状态变化而出现大量子型，造成了状态发散，增加了资源消耗，降低了生产效率。因此，产业化、市场化时代下宇航产品开发具有更高的"市场"需求。

其次，宇航产品开发已经建立了一套基于产品型谱的自主规划体系，但是尚未建立明确、清晰的技术规划体系，技术开发往往被动地由产品开发牵引。急需通过提前开展技术规划，识别未来市场和产品开发所需要的核心和重要技术，提前开展核心和重要技术的开发工作，为产品开发提供技术支撑。因此，宇航产品开发"技术储备"需求日臻急迫。

再次，宇航产品开发大多以专业化职能部门为主体，促进了专业化的发展，但同时也造成了跨部门协作效率较低、跨部门资源共享困难等问题。建立跨部门开发团队，汇集各个领域的专业智慧，由职能部门模式下的单一管理模式向“职能部门+项目团队”的矩阵式管理模式转变，通过协同的方式实施产品开发，确保沟通、协调和决策高效开展。因此，宇航产品开发“协同”需求日益彰显。

最后，数字化技术的发展对于宇航产品开发效率的提升具有重要意义，通过对产品全周期、全要素数据有效采集与管理，以端到端的信息化流程支撑管理体系落地，挖掘数据应用价值，构建数字管理新模式，从而实现产品管理由文档驱动向数据驱动的转变，全面提升产品管理水平和科研生产效率。因此，宇航产品开发“数字化”需求也是产品开发模式变革的重中之重。

1.3.3.3 宇航产品集成开发方法的内涵

为了适应产业化和市场化发展需求，宇航企业应该引进先进、成熟的产品开发模式，制定系统性解决方案，采取适合自身的变革策略和步骤。IPD是经过实践验证、切实可行的一种选择。在继承航天产品工程实践的基础上，将 IPD 与宇航企业已有的产品开发模式相融合，同时还融合了 CMMI 思想，形成具有宇航特色的宇航产品集成开发模式。主动开展需求管理，从型号牵引被动开发向适应市场主动开发转变；提前开展技术规划与开发，从产品与技术并行开发向产品与技术异步开发转变；构建产品开发平台，从个性化开发向平台化开发转变；组建跨部门开发团队，从职能型管理向矩阵式管理转变；引进信息化工具，从文件驱动研制向数字驱动研制转变。宇航产品集成开发模式模型框架如图 1－3 所示。

如图 1－3 所示，宇航产品集成开发模式的组成主要包括：产品需求分析及规划、模块化设计、技术与产品分线开发、跨部门团队协作、全生命周期流程管理、知识管理及产品保证七个部分。

1. 产品需求分析及规划

在激烈的市场竞争中，企业必须具备敏捷的市场反应能力，依据企业自身的实际情况和发展战略，制订出可以把握市场先机、满足用户需求的规划目标，是企业能否持续、快速地发展的关键环节。

但是，由于宇航业务的特殊性，宇航产品的开发并不是完全意义上的市场行为。在原有的市场环境下，能参与竞争的企业数量有限，宇航产品的开发已经习惯于任务的牵引和被动指令式的开发模式，产品需求规划管理机制和流程有待完善。

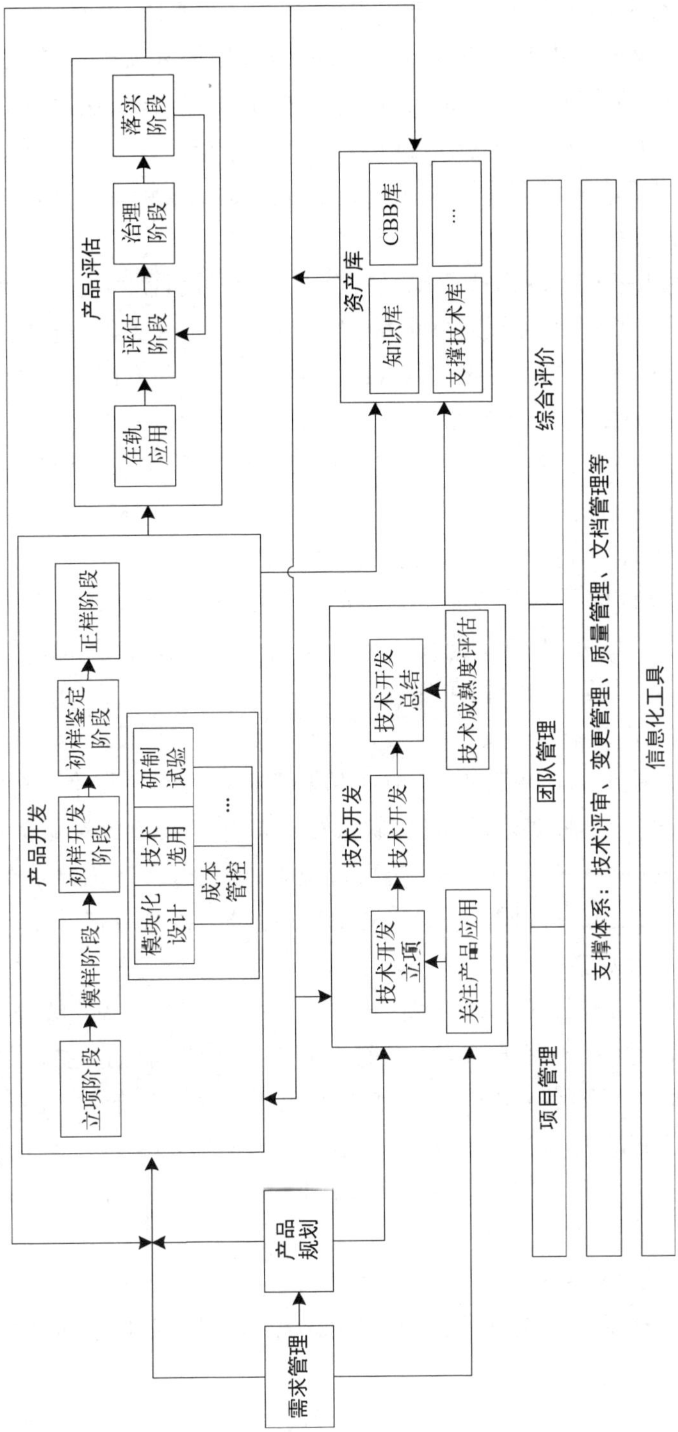

图 1－3　宇航产品集成开发方法模型框架

随着宇航市场逐步开放,宇航产品需求及规划管理的重点在于变被动为主动,产品开发紧贴市场需求。首先,按照型号任务需求的特点,将需求进行分类,按照类别制定不同的响应机制,保证能够及时、快速且有效地反应市场需求;其次从产品级、技术级和模块级三个层级开展层次化、系统化、全周期的规划,实现由“任务牵引被动开发”向“适应市场主动开发”转变。

2. 模块化设计

当前,航天领域呈现出产业规模快速发展、型号研制和批生产数量大幅增加的新态势,要求宇航产品的开发、生产和应用一次到位,迫切需要固化产品技术状态,提升产品成熟度,提高产品生产效率和产品组批生产能力,有效保证型号研制的质量和进度。

根据宇航产品开发的特点,将产品化思想由产品层面向模块层面深化和升级:一方面,通过模块的设计及复用,统筹产品需求,提高产品的复用水平,控制产品状态,确保产品以最优的方式实现,可以快速响应用户需求,实现由个性化设计向平台化设计转变;另一方面,开展模块级验证,利用“试验-分析-改进”方法,不断完善和优化产品设计,提前暴露和消除设计和工艺上的薄弱环节,提高产品的可靠性。

3. 技术与产品分线开发

由于型号定制化需求特点,宇航产品开发往往习惯于技术、产品混线开发,即在产品进行工程实现的同时,解决核心和重要技术的突破问题,导致宇航产品开发过程中迭代次数多、过程反复多,既延长了宇航产品的开发周期,又增加了开发成本。同时,过度关注产品开发,容易忽视技术开发体系的建设,技术难以持续积累和提升。

所以,将产品和技术混线开发方式转变为技术和产品分线开发方式。将开发重心前移,在产品开发前,提前识别产品开发所需的核心和重要技术,通过多种方式开展技术开发,为产品开发做好技术储备。产品开发时可以直接集成已有的技术成果,只需要解决相对简单的技术问题,从而减少产品开发过程中的技术风险,缩短产品开发周期,降低产品开发成本,提高产品开发效率。

4. 跨部门团队协作

由于宇航产品高复杂度的特性,需要多部门、多专业畅通协作才能顺利完成产品开发。有的企业在开发人员数量增加之后,没有及时对开发组织结构进行优化,没有构建有效的跨部门协作开发模式,出现了“企业大了、人多了，但开发的产品反而不如以前”的现象。

产品开发不仅仅是产品部门的职责，产品开发团队也不应该仅包含设计人员。产品满足哪些用户需求，应该提供哪些功能，必须要有市场部门的充分参与。产品要想顺利实现生产，必须需要采购部门和生产部门参与到开发过程中。所以，产品开发需要跨部门协同的开发团队。

宇航企业的组织结构大都按照专业职能部门设置，虽然有利于专业化发展，但在一定程度上导致了“部门墙”的出现。为了实现跨部门畅通协作，必须组建跨部门的产品开发团队，整合各个专业领域的资源，对产品开发工作的全流程负责。为保证跨部门产品开发团队的顺利运行，绩效考核和激励机制的建立同样是非常必要的。

5. 全生命周期流程管理

流程是产品实现过程的全面、直观展示，它将产品开发过程中涉及的所有活动，按照最佳实施时机有序连接，是指导产品开发各项工作合理有序开展的依据，体现了对产品开发全过程的科学管理。在产品开发过程中，除了借助先进的设计理论、设计手段及测试手段外，建立科学合理的流程是保证产品高效开发的基础和支撑。

为了提高流程的指导性，建立“框架级-阶段级-活动级”三级流程体系。框架级（一级流程）包含“需求管理-产品规划-技术开发-产品研制-产品评估-产品退出”的全生命周期管理流程，展现了各子流程关键要素及关联关系；阶段级（二级流程）明确了技术开发、产品研制和产品评估三个子流程的工作项目；活动级（三级流程）按照产品分类进一步细化工作，厘清产品设计中的并行协作工作项目和相关要求。通过流程管理，实现对目标和过程管理并重，实现全层级、全要素、全生命周期的闭环管理、监控和协同，提高管理的精细化、标准化和规范化。

6. 知识管理

宇航产品开发是技术难度高、过程复杂的知识密集型活动。宇航企业经过几十年的积累，形成了大量宝贵的宇航产品设计、生产知识和经验，是宝贵的财富。通过知识管理，对宇航产品开发知识进行提炼和总结，帮助开发人员迅速找到解决问题的相关案例参考，启发开发人员生成新的创意和方案，掌握创新理论和规律，从而提高产品质量，缩短开发周期，降低成本，促进产品创新。

系统规划、全面梳理、统一管理、构建数字化知识共享机制是宇航企业知识管理的重点,即实现知识获取、知识存储、知识共享和知识应用的有机整合。首先是知识获取,就是把开发人员大脑中以及设计报告中的知识,通过结构化、数字化的方式清晰地表达出来,而按产品系列、知识类型等因素建立易于理解、便于操作的知识分类是知识存储及共享的基础,通过数字化工具,实现知识与流程关联,利用流程将知识融入产品开发过程,将知识直接呈现到产品开发环境中,就是知识共享及应用的具体实现过程。

7. 产品保证

宇航企业的质量管理的发展历程具有显著的阶段特征,先后经历了以检验为特征的偏生产型质量管理阶段、以可靠性为核心的偏质量管理阶段,以及以风险管理为核心的产品保证阶段。宇航产品保证以完成型号任务要求、支持项目风险管理、提高产品开发效益为总体目标,强调对全周期、全过程进行充分全面的风险型管控而非事后补救。

以系统化、结构化方式制定适宜宇航产品的产品保证体系框架和实施措施,通过流程再造、流程细化、供方管理、专业化队伍管理和信息管理等具体做法,构建宇航产品的产品保证管理体系。

宇航产品开发是一个多次开发渐进迭代的过程,在不同阶段、不同环节技术风险存在明显差异,因此提炼形成与宇航产品开发阶段与环境相适应的产品保证工作项目,并将其合理嵌入宇航产品开发流程中,通过流程驱动产品开发,实现各类技术风险控制要求的全面、规范、有序落实。

1.3.3.4 宇航产品集成开发模式与常规 IPD 模式比较

宇航产品集成开发模式吸收 IPD 模式的内涵,是 IPD 模式在宇航产品开发的落地与深化;同时融入了宇航产品开发的特点,继承了宇航产品开发已有的成功经验,因此有其鲜明的特点。

1. 产品开发的背景

宇航企业的根本宗旨是为国防建设和国家的重大战略性工程项目服务,宇航企业生产经营的基本出发点和首要任务是保障军需和国家重大战略发展需求,不能只以追求利润最大化作为企业的最终目标。所以,宇航产品开发要在满足国防建设和国家重大工程任务要求的前提下追求市场及财务成功。

2. 需求管理的范围

常规 IPD 模式市场管理中,企业面对市场相对开放、用户群体较大,用户需求收集分析难度较大,企业只能借助工具和方法开展市场需求的收集和分析工作，所以用户的真实需求与企业理解之间的偏差始终是产品开发存在的最大风险。宇航企业面对的市场相对封闭，宇航产品用户群体相对明确，用户群体数量相对较小，用户需求收集分析工作相对简单。宇航产品需求管理的重点是如何找到用户定制化需求与产品通用化开发之间的平衡。

3. 技术开发的侧重点

宇航企业大多已经建立了相对科学可行的预研管理体系，将大量精力投入到前沿与基础技术工作，但在技术工程转化方面机制不完善，导致技术开发与产品开发往往同步开展，产品开发中的技术风险增加，也给产品开发周期和成本的控制增加了难度。宇航产品集成开发模式继承了技术和产品异步开发理念的同时，在已有的、较为成熟的预研管理的基础上，提出了支撑技术的概念，将关注重点放在技术工程转化方面，提前开展支撑技术的规划、开发和储备，技术开发要形成具有一定成熟度的研究成果以便于产品直接选用。

4. 质量管理的重要程度

宇航产品因其可靠性要求高、在轨维护难、故障损失大等特点，质量管理历来都放在极其重要的位置。宇航产品集成开发方法继承了宇航产品质量管理成功的经验，不断探索新方法与新技术，满足宇航产品开发新形势与新要求，其根本目的就是实现高质量产品开发与在轨稳定运行。

1.4 小 结

本章首先分析了航天器和宇航产品的特点，然后综合分析比较了几种常见的开发模式，并介绍了宇航产品开发模式演化过程。在分析了新时期下宇航企业面临的环境和挑战的基础上，提出了宇航产品集成开发模式，阐述了宇航产品集成开发模式的内涵。

第二章　产品需求管理及规划

产品需求管理及规划是指通过对市场的调查研究，对市场发展趋势及用户需求进行分析，合理细分市场，依据企业自身实际情况和发展战略，制订把握市场先机、满足用户需求的产品开发目标，在一定时间和一定经费条件下将用户需求转化为产品的过程。这是一套基于市场与用户的思考和执行方式，通过对外部环境、用户、竞争对手和企业自身四个方面的动态思考，可以为企业、产品线和产品等各层次业务提供一致性分析的基础。

2.1　产品需求管理及规划的内涵

产品需求管理及规划是市场与产品之间的桥梁，属于企业战略的重要组成部分，对企业至关重要。产品需求管理及规划是产品开发过程中第一个环节，依据市场需求明确产品开发的目标和要求，通过任务书等文字形式表达，作为决策、设计、生产的依据[11]；它还是产品市场销售及使用过程的最后一个环节，汇总市场的真实反应，并反馈至产品开发过程中，如图 2－1 所示。

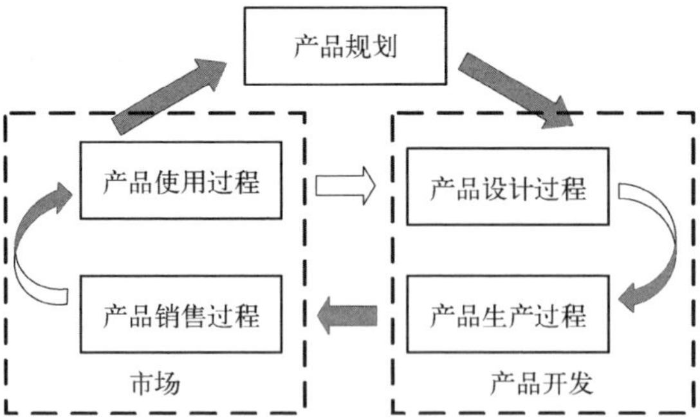

图 2－1　市场、产品规划与产品开发之间的关系

首先,产品需求管理及规划把企业外部和内部串联起来,将用户、企业和供应商统筹考虑,使产品能够在市场竞争中脱颖而出。如果是卖方市场,企业占据主动优势,不必开展复杂的需求分析及产品规划,只要持续推出能够保持市场优势的产品即可。但是,在多数情况下,企业必须通过产品需求管理及规划来保障所开发的产品受到用户的欢迎。

其次,产品需求管理及规划把企业内部联合起来,如市场部门、研发部门、生产部门,共同为企业目标服务,不再是各自为战,而是市场、销售、研发、制造等部门共同参与的集团军行为。因此产品需求管理及规划的目标不是单独的销售目标、技术目标或者是产量目标,而是各方面融合的综合目标,既包含了追求技术先进的新产品开发,也会着力于畅销老产品的持续改进。

再者,产品需求管理及规划还把企业所有产品关联起来。企业应当开发和生产多少种产品、每种产品有多少个规格、产量如何确定、生命周期多长、资源如何分配等,都涉及对企业资源最有效的利用及对企业最佳经营效果的追求。如果对产品之间的组合是否有利于资源的利用、产品的市场是否交叉等问题不加考虑,就会导致企业经营遭受挫折甚至走向衰退,即使短时间内获得了成功,也为企业埋下了隐患。

因此,产品需求管理及规划既是保证某一款产品成功的手段,更是保证企业持续成功的工具。产品需求管理及规划实际上是把企业同外部环境结合起来,帮助企业在市场需求和经营环境的快速变化中做出正确的决策选择,提前储备开发和销售有竞争力的产品。

产品需求管理及规划一般包括:需求管理、产品规划、产品立项、产品实现及验证四个阶段(图 2-2)。需求管理关注的是如何高效、准确、完整地收集市场需求,并对原始需求进行分类、筛选和分析,选出有效需求;产品规划是制订产品发展规划,将筛选后的需求分配给待开发的产品、模块或技术,明确业务计划。针对具体的用户需求,对于是否开发相应的产品、是否满足企业发展战略、如何配置资源等问题而进行的决策过程就是产品立项过程。

产品实现及验证一般始于产品正式立项后,其核心就是全面理解用户需求,将需求转化为详细的功能、性能、可靠性和安全性等产品指标,并逐步转化为产品设计及实物的过程。此部分内容即是产品和技术实现过程,将在第三章和第四章分别介绍。本章重点介绍需求管理、产品规划和产品立项的内容。

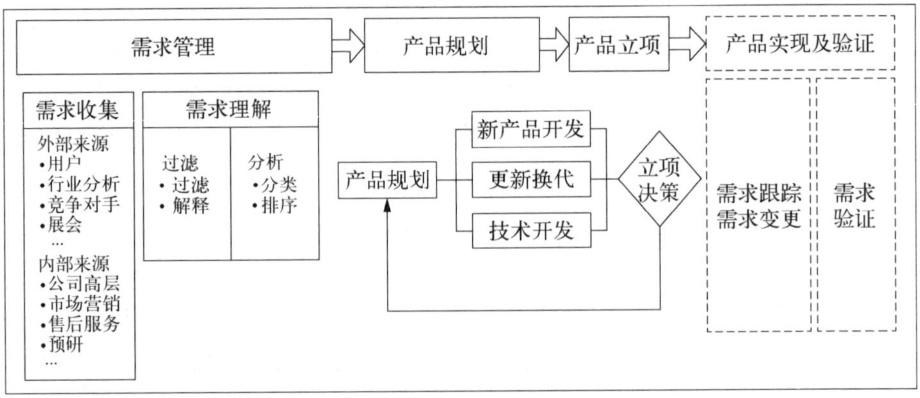

图 2－2 产品需求分析及规划全景图

2.2 需求管理

需求管理包含需求收集、需求分析和需求分类三部分内容。为了更好地理解相关内容，本节将结合星敏感器介绍需求管理过程。

星敏感器是以恒星作为测量目标的光学姿态测量敏感器，能够输出高精度的姿态信息。星敏感器具有自主捕获功能，可以为航天器在空间自主运行提供支持，是航天器控制分系统的关键光学姿态测量部件。

2.2.1 需求收集

市场需求是企业组织产品开发的原动力，没有需求就没有开发产品的动力。缺乏有效的、及时的市场需求收集和分析是导致产品开发方向偏离甚至失败的最主要的原因，只有持续不断地满足市场需求的企业才能适应市场变化而获得持续发展。因此，任何时候产品开发都不能背离市场的发展趋势和用户的需求，通过多渠道、多手段收集市场需求，为需求理解、产品规划、开发决策等工作提供支撑。

商业航天快速发展，使得宇航产品开发和生产正从“定制化”时代向“产业化、市场化”时代迈进，使得宇航市场呈现出许多新的形态，对用户需求的采集提出了更高要求，一般需要采集以下几方面信息：

（1）用户对产品的理解及心理预期；

（2）用户对产品的个性化需求；

（3）用户对已有产品的反应。

需求采集过程可以分为需求来源确定、需求提取、需求确认和需求结构化四个步骤，如图 2－3 所示。通过用户交流拜访、参观展览、招投标、媒体信息等确认需求来源，然后对用户非结构化的需求进行抽取及判断是否能够正确反映用户需求，最后是将非结构化需求转变为结构化需求。其中需求提取和结构化是关键。

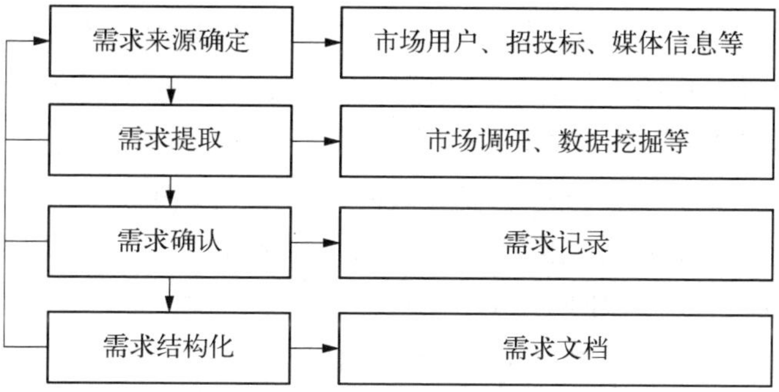

图 2－3　需求采集过程图

结构化管理有助于用户需求信息得到高效利用，要求企业要结合市场和产品特点，做好需求信息核心要素的提炼，表 2－1 是星敏感器用户需求结构化管理示例。

表 2－1　星敏感器用户需求结构化管理示例

序号	信息来源	用户	需求量	类别	…	需求产品	进展	竞争对手	处置意见
1	型号应用	用户 1	200 台	成熟	…	XX 型产品，测量精度，寿命…	已立项	竞争对手 1	启动开发
2	市场拓展	用户 2	130 台	成熟	…	XX 型产品，测量精度，寿命…	潜在需求	竞争对手 2	持续追踪
3	二次营销	用户 3	12 台	新研	…	低成本产品，XX 型产品，测量精度，寿命…	正在论证	竞争对手 3	持续追踪

早期,宇航市场相对封闭,型号任务大多以指令方式下达,需求收集都是针对特定任务的特定用户开展的,而且往往是由产品开发人员直接面对用户完成的。随着商业航天的发展,宇航市场将会越来越开放,用户的需求将会呈现出多变性的特征。所以,宇航企业要提高对于市场需求收集工作的重视程度,由计划主导型向市场主导型转变,以满足用户需求为出发点,组建专业的市场团队,采用专业的方法和工具开展需求收集。

需求收集是企业全员的活动,企业高层、技术专家、部门领导、开发人员、市场人员等都应积极主动地参与其中。如果收集需求由市场部门单独完成,由于市场人员缺乏必要的技术知识,往往难以理解用户的真实需求;如果收集需求由开发人员单独完成,由于开发人员缺少和用户打交道的经验和沟通的技巧,往往也达不到预期效果。所以负责收集用户需求的市场团队一般是由市场人员和开发人员共同组成。这个团队的技能是互补的,开发人员发挥技术专长,和用户商讨技术需求,市场人员有较好的用户关系,一方面为开发人员和用户的访谈建立了机会,另一方面,也可以收集到技术以外的业务需求。由于宇航任务的特殊性,市场团队往往需要同政府部门、军队进行交流沟通,所以市场团队中常常需要企业高层加入。这样,就构成了宇航企业市场团队的"铁三角",即企业高层、市场人员和开发人员。企业中的技术专家、生产部门、采购部门、财务部门将作为市场团队的后援团队,随时对市场团队提供支持。

2.2.2 需求分析

需求分析是企业决策的基础,对收集的需求进行分析,帮助企业了解用户需求和社会环境的变化,支撑企业开展产品规划,从而快速、准确地响应用户,提高用户满意度。

需求分析可以从两个层次开展。

(1) 环境分析,对企业的外部环境和内部环境进行了解和评估,为产品开发提供战略支撑。外部环境是指企业外部宏观环境和产业竞争环境,内部环境是指企业内部的技术资源、人文环境等。环境分析可以借助 PEST 分析法、五力模型和 SWOT 分析法进行分析。

(2) 产品分析,针对具体的产品开发需求,将收集到的信息进行解释,进行"二次加工",从产品维度对需求进行描述,可以借助 $APPEALS 模型进行分析。

2.2.2.1 环境分析

1. PEST 分析法

外部环境的定义包括了企业及其所在行业都无法控制的因素，只有有效地把握外部环境的变化并进行准确定位的产品，才能有机会得到迅速发展。PEST 分析法是对企业外部宏观环境分析的常用工具，通过对政治(politics)、经济(economic)、社会(society)和技术(technology)四个方面的分析，帮助企业把握宏观环境，评价宏观环境因素对于企业的影响(图 2-4)。

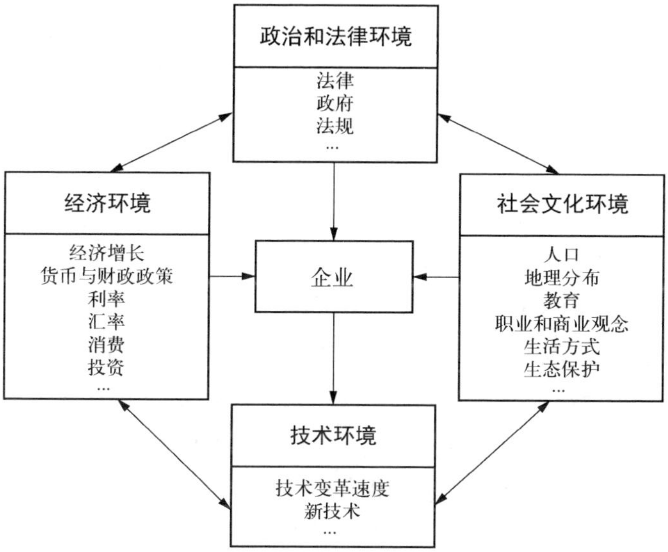

图 2-4 PEST 分析法示意图

1) 政治和法律环境

政治和法律环境包括一个国家的制度、政治理念、执政党的性质以及政府的方针、政策、法令等。不同的国家有着不同的社会性质，不同的社会制度对企业活动有着不同的管制和要求。即使在同一国家内，在不同时期，政府的方针特点、政策倾向对企业活动的态度和影响也是不断变化的。

2) 经济环境

经济环境可以从宏观和微观两个方面分析。宏观环境主要指国家的人口数量及其增长趋势、国民生产总值及其变化情况，以及通过这些指标能够反映出的国民经济的发展水平和发展速度。微观环境主要指企业所在地区或者行业的用户的收入水平、消费习惯、就业程度等因素。

3）社会文化环境

社会文化环境包括一个国家或地区的居民教育程度和文化水平、宗教信仰、风俗习惯、价值观念、审美观点等。宗教信仰和风俗习惯会提倡、鼓励、禁止或抵制某些活动的进行；价值观念会影响用户对企业目标、企业活动及企业存在本身的认可与否；审美观点则会影响人们对企业活动内容、活动方式及活动成果的态度。

4）技术环境

企业需要对行业中技术变革的发展趋势形成一个总体认识，推动技术变革的因素可以总结为技术的先进性、驱动力和变革过程三个因素。其中技术先进性和变革过程是关键因素，技术竞争优势较弱的产品很容易受到新产品及那些已经完成前期投资的竞争者的冲击。利用技术变革可以进行恰当的定位，并且始终保持与替代技术的优势地位。但是物极必反，超出一定限制，技术也会起到相反的作用。

环境分析的目的在于回答以下问题：

(1) 在这个市场环境中，影响用户购买行为的因素有哪些？

(2) 这些因素对用户购买行为的影响力有多大？

(3) 未来可能会产生哪些新的因素对用户的购买行为带来影响？

(4) 产生这些新的因素的可能性有多大？

……

2. 五力模型

通过对竞争对手在战略目标、业务模式、产品特性等信息的了解，明确企业自身在市场中的位置。可以利用波特的五力模型进行分析，从供应商(供应商的议价能力)、潜在的竞争参与者(新的竞争参与者带来的威胁)、购买者(购买者的议价能力)、替代产品(替代产品或服务带来的威胁)、同行业竞争者(行业已有企业之间的竞争)共五方面对一个行业的竞争形态进行扫描，说明该行业中企业平均具有的盈利空间(图 2-5)。

1）同行业竞争者

大部分行业中企业经营的目标都在于使自己的企业获得相对竞争对手的优势，所以必然会产生冲突与对抗，这些冲突与对抗就构成了企业之间的竞争，通常表现在价格、广告、售后服务等方面。

如果行业进入障碍较低，势均力敌的竞争对手较多，或者市场趋于成

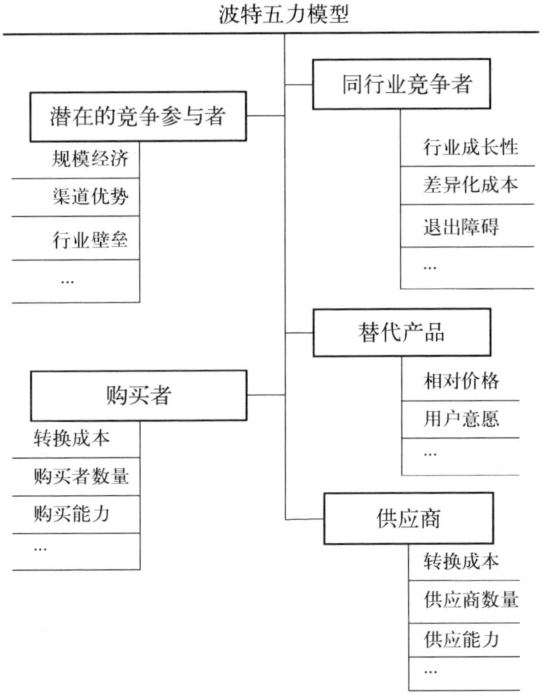

图 2-5 波特五力模型

熟，产品需求增长缓慢，或者竞争企业提供几乎相同的产品或服务，用户转换成本很低，则意味着行业中现有企业之间竞争激烈。

2）潜在竞争者

潜在竞争者想要在行业中获得一席之地，就有可能会与现有企业发生竞争，导致行业中现有企业盈利水平降低，严重的话还有可能危及这些企业的生存。潜在竞争者的威胁由两方面因素决定：一方面是现有企业对潜在竞争者的反应，就是采取报复行动的可能性的大小；另一方面是行业的进入壁垒，主要包括规模经济、产品差异、资本需要、转换成本、销售渠道开拓、政府行为与政策、自然资源、地理环境等。

潜在竞争者进入一个行业的可能性大小，取决于潜在竞争者主观估计进入所能带来的潜在利益、所需花费的代价与所要承担的风险这三者的相对大小情况。

3）替代产品

替代产品具有与现有产品或服务相似的性能，能够满足用户相同的需要。两个处于同行业或不同行业中的企业，可能会由于所生产的产品互为替代产品，从而在它们之间产生竞争行为。替代产品的出现，使得现有企业不得不提高产品质量、降低成本或者使其产品更有特色，否则其销量与利润增长的目标就有可能受挫。

几乎所有的产品都存在替代产品，只不过替代的程度不同而已，替代产品价格越低、质量越好、用户转换成本越低，其所能产生的竞争压力就强。

4）购买者

购买者主要通过压低价格或者要求提供更好的产品/服务来影响行业中现有企业的盈利能力。如果购买者所购买的产品占企业产品销量的比例比较大，就会增加其在商务谈判时的话语权，就具有较强的议价能力。

5）供应商

供应商议价能力的大小一方面取决于他们所提供的产品对于买方的重要程度，如果供应商所提供的产品对于买方产品非常重要或者严重影响买方产品质量时，供应商的议价能力就大大增强；另一方面，如果供应商具有比较稳固市场地位，其产品的买主很多，或者买方难以转换或转换成本太高，则供应商的议价能力也会大大增强。

竞争分析的目的在于回答以下问题：

（1）主要的竞争对手/潜在进入者/替代者是谁？

（2）他们的规模、市场份额是多少？

（3）他们未来的发展计划是什么？

（4）用户从竞争对手那里购买什么/不购买什么？

（5）他们的优势和劣势是什么？

……

3. SWOT 分析法

企业自身分析的关键在于建立企业自身概貌，揭示企业的优势和劣势，可以借助 SWOT 分析方法开展。在 SWOT 分析中，S(strengths)是优势、W(weaknesses)是劣势、O(opportunities)是机会、T(threats)是威胁，运用系统分析思想，基于内、外部环境态势，将企业内部的优势、劣势和外部的机会、威胁相互匹配加以分析，制订一个企业“能够做的”和“可能做的”之间的有机组合(表 2-2)。

表 2-2 SWOT 战略示意图

内部因素 / 外部因素	优势(S) ① 成本优势 ② 技术优势、 ③ 高素质的管理人员 …	劣势(W) ① 技术落实 ② 管理不善 ③ 资金不足 …
机会(O) ① 市场增加迅速 ② 蓝海市场 ③ 有进入新市场的可能 …	**SO 战略** 依靠内部优势 利用外部机会	**WO 战略** 利用外部机会 克服内部劣势
威胁(T) ① 竞争压力大 ② 用户议价能力强 ③ 替代产品销售逐步上升 …	**ST 战略** 依靠内部优势 回避外部威胁	**WT 战略** 减少内部劣势 回避外部威胁

自身分析的目的在于回答以下问题：

(1) 用户为什么购买企业的产品？

(2) 用户为什么不购买企业的产品？

(3) 企业为什么会失去用户？

(4) 企业的限制在哪里？

(5) 企业通过什么方式来赢得用户？

……

2.2.2.2 产品分析

产品分析应立足市场，根据企业自身的设计能力、生产能力、管理能力等条件，充分考虑产品的重要程度和紧迫程度，结合产品价格、功能性能、产能产量、周期成本、质量保证、社会影响等要素，给出可行性分析结论。

$APPEALS 是一种常见的分析方法，它是市场和产品之间的桥梁，它将用户需求转化为产品的属性。$APPEALS 关注用户在购买竞争性产品时的驱动因素，包含 8 个要素，包括：$——产品价格(price)、A——可获得性(availability)、P——包装(packaging)、P——性能(performance)、E——易用性(easy to use)、A——保证程度(assurances)、L——生命周期成本(life cycle of cost)、S——社会接受程度(social acceptance),8 个要素的含义如表 2-3 所示[12—14]。

表 2-3 $APPEALS 含义说明

$APPEALS 要素	含　　义
$	指用户希望为产品或服务的价值而支付的金额
A	指用户全面的购买经历,包括购买渠道
P	指产品的视觉感受
P	指用户需要产品具备的功能和性能特性
E	指产品安装、使用的方便程度
A	指企业提供给用户的产品质量、服务等
L	指用户购买产品后的使用成本,如维修成本
S	指可以促进用户购买决定的企业形象、社会认知等

需要注意的是,不同行业、不同产品的 $APPEALS 8 要素的含义是有所不同的,表 2-4 分析比较了星敏感器产品与汽车产品 8 要素的不同含义。

表 2-4 星敏感器产品与汽车产品的 $APPEALS 要素比较

维　　度	汽车产品	星敏感器产品
$ 产品价格	涉及销售价格、税收、折扣等	主要指产品销售价格,进口产品则涉及汇率。宇航产品对于价格的敏感程度相对不高,不过随着商业航天的发展和市场竞争的加剧,价格必将会受到更多的关注
A 可获得性	是否有现车、4S 店的数量等	• 是否禁运:从元器件、原材料到产品,是进口产品还是自研产品,是否会禁运 • 产品种类规格:产品种类规格是否齐全 • 交付时间:产品交付时间往往影响整个型号任务的进度,所以历来关注程度比较高
P 包装	外观、内饰等	对于外观设计要求不高,不过部分型号任务因为安装约束会对产品的外形结构提出要求
P 性能	动力、重量、空间、配置、影音等	产品的技术性能是最受到关注的因素

续 表

维　度	汽车产品	星敏感器产品
E 易用性	操控性、舒适性等	• 环境适应性：在寿命期预计可能遇到的各种环境的作用下能实现其所有预定功能和性能及不被破坏的能力 • 维修性：在规定的条件下和规定的时间内，按规定的程序和方法进行维修时，保持或恢复规定状态的能力 • 测试性：及时并准确地确定状态，并隔离其内部故障的能力
A 保证程度	维修保养、安全性等	• 可靠性：在规定的条件下和规定的时间内完成规定功能的能力 • 安全性：不导致人员伤亡、危害健康及环境，不给航天器造成破坏或损失的能力 • 保障性：能满足平时战备及战时使用要求的能力
L 生命周期成本	维修保养费用、油费、停车费等	由于在轨维护手段非常有限，所有在轨维护需求不高
S 社会接受程度	品牌、环保、促销等	社会宣传力度大、关注度高，政治、军事、社会影响较大

针对 $APPEALS 的 8 个要素，可以识别出二级要素，乃至三级子要素。对于每个要素，可以划分不同的权重。划分权重需要从用户的角度来出发，对于重要的要素予以较高的权重，对于不重要的要素予以较低的权重。同一类别的产品可以通过权重的比较进行差异化分析。然后根据企业的战略目标和市场策略，就可以确定重点关注哪些核心功能和核心需求，如何通过提升自身优势以体现差异化，如何进行价值创新等。

利用 $APPEALS 开展差异化分析可以分为三个步骤：

（1）通过调查问卷等方式确定每个 $APPEALS 要素的权重；

（2）建立打分参考表，如表 2－5 所示，根据企业自身产品和竞争对手产品满足用户需求的程度，对 $APPEALS 每个要素进行打分；

表 2－5　打分参考表

10 分	绝对领先
9 分	领导者

续 表

8 分	2~3 名
7 分	4~5 名
6 分	多数用户认为是“好”
5 分	多数用户可以接受
4 分	20%~30%用户不能接受
3 分	多数用户不能接受
2 分	多数用户不满意
1 分	不合格

(3) 根据调打分画出相应的雷达图,进行差异化分析,如图 2-6 所示。

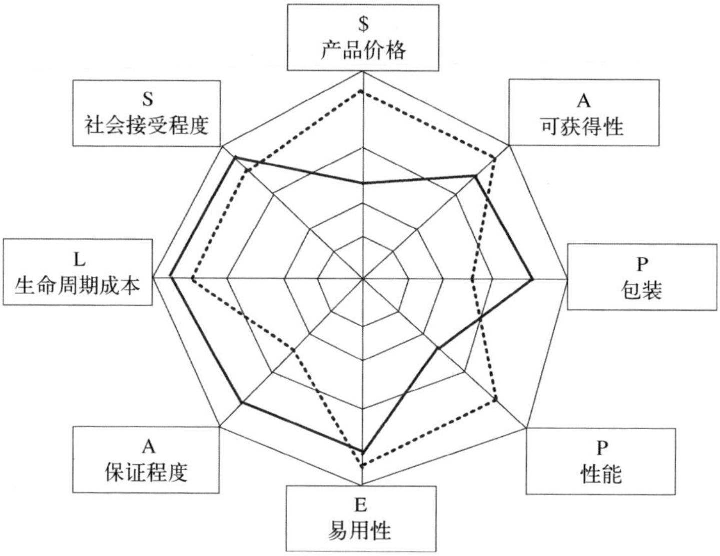

图 2-6 竞争力比较图

产品分析的目的在于回答以下问题:

(1) 用户为什么购买产品,用户选择产品时关键的决定因素是什么?

(2) 产品如何设计才能满足用户的要求?

(3) 企业自身的产品与竞争产品有何差异性?

……

例如,A 企业开发了一款低成本星敏感器 I 号产品。该产品主要竞争对手包括国外 B 企业的Ⅱ号产品和国内 C 企业的Ⅲ号产品。

利用 $APPEALS 分析方法进行分析,如表 2-6 所示。

表 2-6 比较分析

$APPEALS	Ⅰ号产品	Ⅱ号产品	Ⅲ号产品
产品价格	价格较低	需另外配线路盒或外购软件,成本较大	价格较低
可获得性	国产产品,获得性较好	进口产品,存在禁运风险	国产产品,获得性较好
包装	一体式,体积可控	分体式,需另外配线路盒	一体式,体积可控
性能	综合指标较好	精度、寿命指标高	精度、寿命指标偏低
易用性	在轨验证充分,易用性较好	在轨验证充分,易用性较好	存在在轨异常
保证程度	质量体系健全,质量管控严格,在轨验证充分	企业质量体系健全,质量管控规范,在轨验证充分,但进口产品后期服务存在风险	质量体系有待完善,质量管控需加强,存在在轨异常
生命周期成本	在轨维护手段有限,在轨验证充分	在轨维护手段有限,在轨验证充分	存在在轨异常
社会接受程度	国内市场占有率高,用户认可度高	进口产品,军用、重大型号用户选用慎重	在轨验证偏少,用户认可度有待提升

综合上面分析,国外Ⅱ号产品性能指标优势明显,在轨应用验证充分,但采用分体式设计,需另外配合线路盒或外购软件,购买成本较高,同时还存在着禁运的风险。国内 C 企业的Ⅲ号产品已实现在轨应用,但在轨存有异常问题,可靠较低,寿命也相对较短,但该产品的功耗优势较为明显,可能会受到某些用户青睐。Ⅰ号产品相较于Ⅱ号产品性价比高,相较于Ⅲ号产品,产品重量尺寸更小,寿命更长,可靠更高,综合竞争力较强。

2.2.3 需求分类

需求分类就是在需求分析的基础上,对于不同的需求,根据重要程度、紧迫程度等因素进行分类,分发给不同的实现途径,如图 2-7 所示。

(1) 长期需求:如预研产品或者是对已有产品进行大范围更改的开发需求,需开展完整的市场分析,细分市场,明确用户群,与竞争对手进行差异

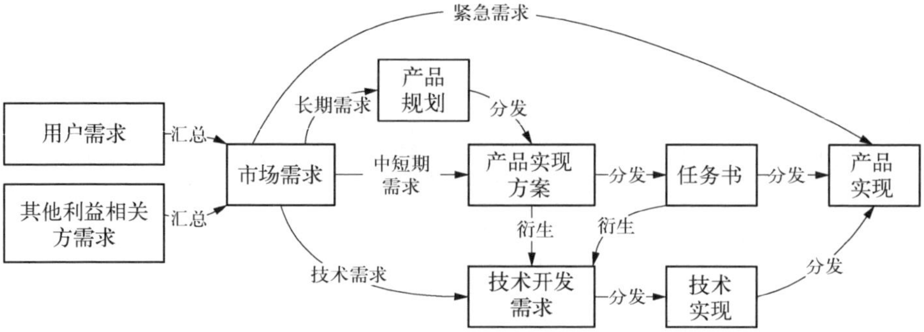

图 2-7 需求分类逻辑图

化分析,从而确定产品的功能和卖点,转化为产品的技术特性,形成产品开发规划,并根据产品开发计划制定产品开发任务书。

(2) 中短期需求:如对已有产品小范围更改的开发需求或者成熟度产品的订单需求,可以直接纳入产品开发任务书。

(3) 紧迫需求:临时性需求,不得不纳入正在进行开发的产品,这类需求的影响最大,代价也最大。如果此类需求过多,会导致产品开发团队疲于应付,大大增加开发费用,影响交付时间。所以,此类需求应严格控制。

(4) 技术开发需求:由市场牵引或者产品开发牵引的技术开发需求,此类需求需要通过技术开发项目予以解决,而技术开发需求的解决往往会引起新产品的出现或者成熟产品的更新换代,从而提高产品的市场竞争能力。

通常情况下,第二类中短期需求最受企业的重视,此类需求可以给企业带来直接的市场成果,短期内为企业带来实际的经济效益。但是,过分关注短期效益,缺乏长远规划,忽视第一类和第四类需求,产品的可持续发展动力将会不足,产品必将随着市场的竞争加剧以及新产品的不断涌现而被淘汰。所以,企业必须要加强对于第一类和第四类需求的关注度,合理规划,将有限的资源合理分配到四类需求的实现过程中,提高有限资源的使用效能。

2.3 产 品 规 划

产品规划就是依据企业的发展战略,合理选择目标市场及产品种类,开展产品全生命周期规划，有节奏地将需求分配给不同的产品。

经过几十年的发展，宇航企业已经基本构建了系列化的产品开发体系，形成了较为完备的产品系列。总体来看，宇航企业在开展产品规划时需要注意以下几个方面。

(1) 经过数十年的发展，宇航企业已经基本度过了单纯模仿国外的"跟跑"阶段，正在逐步进入"并跑"阶段，部分产品进入了"领跑"的地位，已经无法通过简单地模仿来开展产品规划和开发，必须独立自主地寻找新的发展方向。但是，找准新的开发方向并没有那么容易，很多新产品得不到市场和用户的青睐，而市场和用户真正需要的产品没有及时开发出来，既错过了宝贵的市场机会，又浪费了大量的开发资源。

(2) 产品规划不能仅关注产品级规划，还要深入到模块级和技术级规划。模块和技术的规划不足，不利于模块和技术的提前开发和积累，产品开发不得不和技术开发同步开展，这也在一定程度上增加了产品开发成本，拉长了产品开发周期。

(3) 产品规划过程中，既要以产品自身发展规划为主，强调产品功能、性能和技术的进步与领先，又要考虑产业化发展要求，实现产业规划与产品规划之间的良性随动，从企业层面及时统筹资源、开展能力建设，从而适应宇航产品的产业化发展需要。

产品规划在需求分析的基础上，根据企业自身情况和发展方向，制定企业产品发展远景，以及实现发展远景的战略和战术手段，规划可以落地执行、满足用户需求的产品，形成可以指导产品实现的开发计划。

产品规划在具体实施时，一般包括产品系列化规划、技术规划及产品生命周期规划三方面内容。

为了更好地理解相关内容，本节将结合光纤陀螺惯性姿态敏感器产品介绍产品规划过程。作为惯性敏感器的一种，光纤陀螺惯性姿态敏感器是航天器控制分系统中的主要测量部件之一，用于测量航天器本体相对惯性空间的运动角速度，应用于航天器的所有工作模式，为航天器提供长期的姿态基准。光纤陀螺惯性姿态敏感器由多个光纤陀螺仪通过一定的结构组合而成，进而完成三轴姿态测量。光纤陀螺工作原理是基于光学萨格纳克(Sagnac)效应，即沿闭合光路相向传播的光波返回到起始点干涉后，干涉信号的相位差正比于闭合光路敏感轴的输入角速度。光纤陀螺惯性姿态敏感器具有全固态、大量程、抗冲击、可瞬时启动、结构简单、尺寸小、质量轻、易于批量化生产等诸多优点，正成为新一代惯性制导测量系统中的主要设备，其性能直接影响航天器的控制性能和寿命期间的稳定性。

2.3.1 产品系列化规划

面对众多的产品，如何让用户快速地找到适合的产品，这就是产品系列化工作所要完成的使命。

2.3.1.1 系列化规划内涵

亨利·福特创造了世界上第一条汽车生产线，在产能大大提升的前提下，成本也大幅下降，福特汽车一度占据了美国56%的市场份额。令人遗憾的是，亨利·福特拒绝多样性，哪怕只是换个颜色，“任何顾客都可以选择任何他所中意的汽车颜色，只要它是黑色的”。而他的竞争对手们不断推出不同式样和颜色的车型，并且在舒适化、个性化和多样化方面大做文章，以特色对抗低价，最终使得销售 1 500 万辆的 T 型车退出历史舞台。在市场需求日益多样化、个性化的今天，靠单一产品打天下的情况已经不复存在。为了满足更多用户的需求，占领更多的市场份额，系列化已经成为现代产品设计中的一项重要原则。

产品系列是指通过共享技术或者元素并聚焦于相关联市场的一系列产品。系列中所有的产品都具有相似性，它们具有相同或者相似的结构方式或者产品技术，通过对产品性能、结构、成本等特征参数进行合理的划分，使得每一个产品对应一个市场区段或者部分用户。从工程的角度来看，产品系列是一系列产品和技术的总和，用一定数目的不同规格的产品，包含企业已有的和将来要发展的全部产品，满足已有的和可预见到一定范围的用户的需求。

产品系列之所以可以成为系列，一般具备两个条件：① 技术层面，一般具有相同的核心技术；② 外形结构层面，一般具有相同或者相似的外形结构，如造型、材料、图案等。

建立产品系列需要兼顾两方面需求：一方面是用户差异化需求，要求产品的品种、规格划分越细越好；另一方面是企业收益需求，过多的产品品种规格不利于实现批量生产，只有减少品种规格，才能实现规模效益。在系列化推进过程中，需要平衡好两方面的需求，找到满足用户需求和企业收益最大之间的平衡点。

通过系列化实施，在一个基本型的基础上，在产品品种和规格适当控制的前提下，可以快速发展起产品家族，从而在市场竞争中获得有利地位。同时，系列化规划还可以延长产品的生命周期，继承已有的技术，充分利用企业已有的生产设备，便于使用和维护，减少库存，有利于提升企业的专业化水平，提高产品的规模效益。

产品系列化规划的思路是：将用户的需求特点转化为产品的功能、性能、外形等具体要求，以此为基础构建一个有一定层次空间的产品体系：

（1）同一系列的产品在性能上可以满足同一类用户相似的需求，而在材质、工艺及非主要功能上有所区别并形成面向不同用户群体的细分；

（2）同一系列产品也可以在外观上保持基本一致，在具体功能配置上有所区分或局部结构外形有所差异。

产品系列的管理是一项技术性很强的工作，更是一项战略性工作。产品系列的选择，直接决定了产品的核心竞争力。所以，产品系列管理应纳入企业战略管理。

2.3.1.2 系列化规划分类

产品系列化规划可以分为四类：特定型、横向型、纵向型和扩散型。

特定型是指产品系列专注于一个或者几个特定市场。此种模式相对容易，但是针对每一个细分市场都需要单独开发一款产品，产品开发成本较高，状态多，通用性较差。图 2－8 为特定型模式示意图。通过模式示意图可以展现不同模式的特点，图中横轴代表产品系列针对的细分市场分类，纵轴表示市场中不同层次的产品需求，以低档、中档和高档区分。

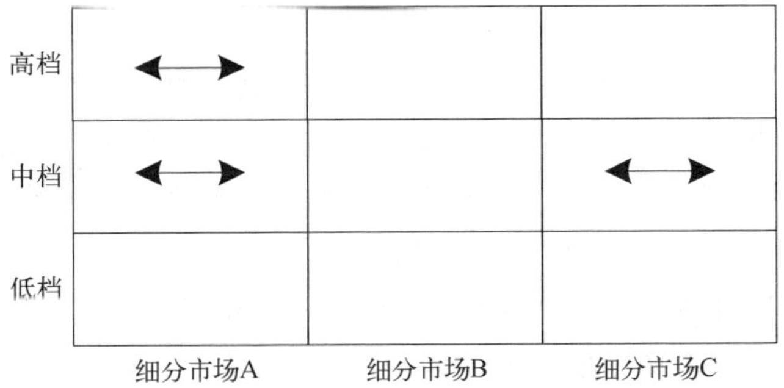

图 2－8 特定型模式示意图

横向型是将同款产品投入到几个细分市场中，可以有效降低企业市场开拓的成本，适用于具有独特优势的产品。图 2－9 为横向型模式示意图。

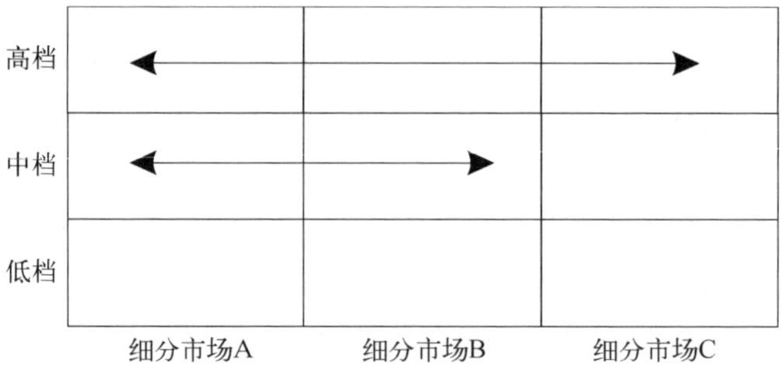

图 2-9　横向型模式示意图

纵向型首先要在一个细分市场中确定竞争优势，然后通过技术更新或产品升级等方式向上扩展到高端产品或向下扩展到低端产品，从而提升产品系列效益，图 2-10 表示纵向型模式示意图。可以将横向型和纵向型联合使用，进一步提升产品系列效益。

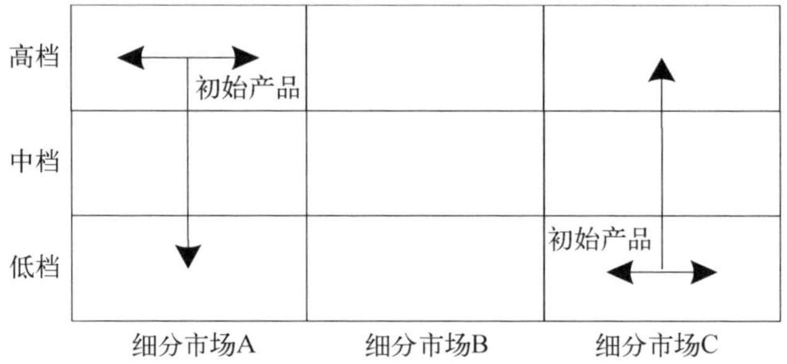

图 2-10　纵向型模式示意图

扩散型是以上三种模式的综合，首先利用特定型模式在某个细分市场取得竞争优势后，同步采用横向模式和纵向模式，扩展细分市场，提高产品系列效益。此种模式最为复杂，对于企业的管理能力和技术能力的要求也最高。图 2-11 为扩散型模式示意图。

无论采用哪种模式，抓住产品系列管理的核心是关键。产品系列管理的核心就是平衡市场需求的差异性和产品通用性之间的矛盾。从满足用户需求的角度来看，产品要具备尽量多的差异性和多样性，而从企业内部运营效率的角度来看，产品应提高通用性。在产品系列的规划阶段，应开展需求统筹，尽量多地满足差异化需求。但是，满足差异化需求的程度是有限度的，不能无限制地满足。总之，一个好的产品系列，既能支持适当的

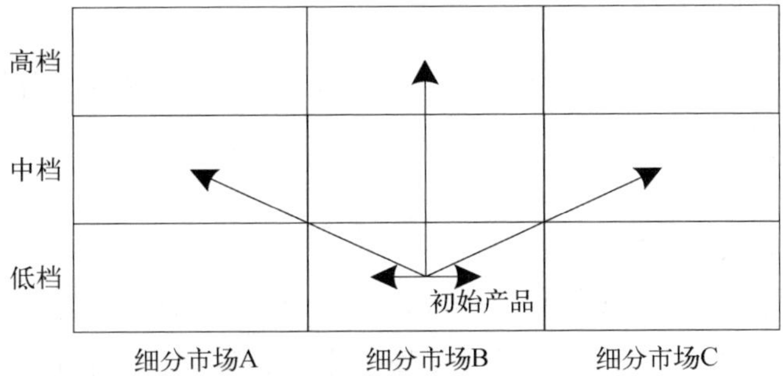

图 2-11 扩散型模式示意图

差异性，又能保持足够的通用性，而这恰恰是产品开发中最具挑战性的工作之一。

产品系列规划的重点是确定影响产品系列差异性的核心要素，即确认产品系列的关键特性。产品系列的关键特性，决定了产品系列的核心竞争力。通过对产品系列关键特性的分析，梳理关键特性所涉及的模块或技术的状态，确定哪些模块或技术需要开发。在此基础上，在资源投入保证的前提下，最终确定开发方向和具体开发项目。

与产品一样，产品系列也有生命周期，所以，产品系列规划还要判断产品系列的生命周期，及时研发新的产品系列，替代落后的产品系列，以支撑新产品的开发。

2.3.1.3 系列化规划内容

宇航产品系列化规划应遵循总结过去、支撑现在、引领未来的原则，按照全面、协调和可持续发展的要求开展规划，可以从以下几个方面考虑。

(1) 规划自主性：宇航产品系列化规划应改变单纯模仿的“跟跑”模式，对标国际先进产品的技术指标、可靠性水平实现“并跑”模式，力争实现“领跑”模式，只有这样才能真正地实现自主规划，提高市场竞争力。

(2) 领域覆盖性：宇航产品系列化规划既要满足导航、遥感、深空探测等不同型号任务需求，又要满足不同空间环境、电子、热等技术要求。

(3) 规格完整性：宇航产品系列内所列的产品规格互相之间不重复，在满足应用要求的前提下，产品系列中的规格要适当，力争用最少规格数量覆盖已识别的产品需求，避免产品间相互竞争。

(4) 发展前瞻性：宇航产品系列化规划需要满足未来一定时间内的用户需求，不仅要包括现有产品，还要包括根据未来发展需求有待开发的产品，以保证本系列产品的持续发展。

产品系列化规划的内容包含产品系列特征参数的确定、产品标识管理、产品状态梳理、产品竞争分析和产品树构建五方面内容。

1. 产品系列特征参数的确定

产品规划首先要将产品系列进行合理的类别划分，并针对各类别进行架构规划。划分产品类别的标准可以有很多种，例如价格、性能、外观等，多角度、系统性地规划产品。但将哪一项因素作为首要划分标准，对产品规划工作而言起着举足轻重的导向性作用。以消费品为例，产品的价格区间通常会具有一定的平稳性，其价格区间基本会保持在某个范围内，所以以价格为指标进行划分是具有代表性的。但是，对于宇航产品，因为用户首先关注于结构、功能、性能等因素，所以一般是按照结构、功能、性能等因素进行划分。

宇航产品系列的特征参数是产品的基本性能或基本技术特性的主要技术参数，是选择或确定产品功能、性能、规格、尺寸的基本依据。

产品系列特征参数的确定应考虑以下因素。

(1) 从产品主要功能、性能、尺寸等技术参数中选取产品系列的特征参数。特征参数必须有代表性，即能够表现系列产品的典型特征；其次，特征参数应该尽可能简约，即可以被直接、明确地认知而且对其他参量的依赖性最小；再者，特征参数还应该体现产品的固有特性，不应随着产品使用条件或使用方法的改变而变化。

(2) 根据产品需求情况、生产情况、质量水平、国内外竞品情况的综合分析，确定特征参数的范围、分级分档方式等。

(3) 系列产品的特征参数一般不多于 3 个。

以光纤陀螺惯性姿态敏感器产品为例。产品的特征参数通常可以选择以下两个：

(1) 第一特征参数：精度，包含中等精度、高精度和超高精度；

(2) 第二特征参数：陀螺配置的模式，一般为三轴斜置(3S)或三斜一正(3S+1)两种构型。

2. 产品标识管理

编制产品名称和产品代号，作为产品技术状态的唯一标识，并贯穿产品研制全过程，确保标识明确和可追溯。

(1) 产品名称。产品名称的基本原则如下：

(a) 规范性：产品执行统一的命名规则；

(b) 特征性：产品名称要包含特征参数，但不一定包含全部特征参数；

(c) 商业性：产品名称要面向市场推广，易于记忆和传播，不宜过长；

(d) 代际性：产品名称要体现产品发展的脉络，不同代际产品之间的关系。

产品名称一般由"产品特征""产品类别""设计序号""改进序号"组成，产品名称组成如图 2-12 所示。

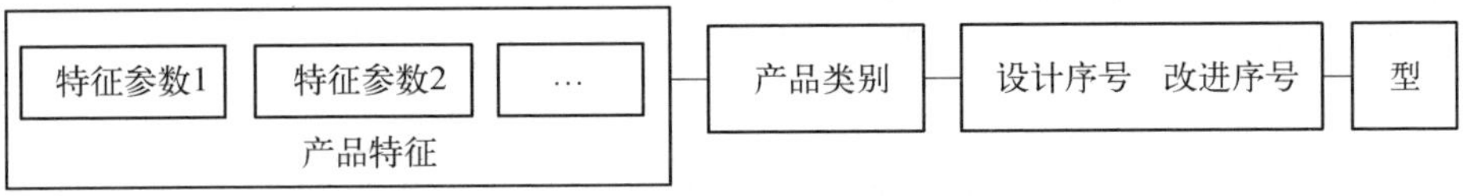

图 2-12 产品名称组成示意图

(2) 产品代号。产品代号的基本原则如下：

(a) 规范性：产品执行统一的代号规则；

(b) 特征性：产品代号要包含特征参数，通过代号即可理解产品特点；

(c) 简洁性：产品代号要简洁，易于记忆和传播，不宜过长；

(d) 系列性：产品代号要与产品系列规划相适应。

产品代号一般由"名称缩写""特征参数""设计序号""改进序号"组成，产品代号组成如图 2-13 所示。

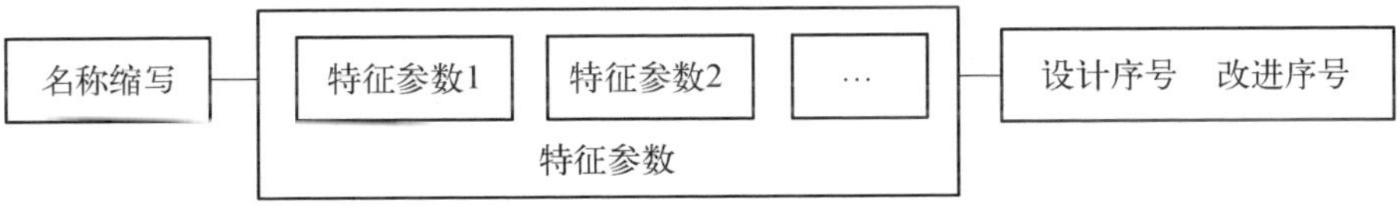

图 2-13 产品代号组成示意图

名称缩写一般由产品英文名称或中文名称拼音的首字母表示，同类名称缩写应保持一致，一般不出现中文拼音和英文混用的情况。

特征参数的数量一般不多于 3 个，以最少的数量可以完全区分产品规格即可，特征参数之间可以直接相连，也可由"/"隔开。

设计序号用阿拉伯数字表示，如：1、2、3、4…表示系列产品的不同种类；改进序号依次用大写英文字母 A、B、C、D、E…表示(I、O、X 除外)，基本型不加字母，第一次改进用"A"表示。

例如，"3S+1 中精度光纤陀螺惯性姿态敏感器 1 型"，其中，"光纤陀螺惯性姿态敏感器”是产品类别;“3S+1”和“中精度”是产品的特征参数;“1”表示此规格产品是第一种基本型,体现了产品的代际性。其产品代号为“IAS - FOG14 - 1”,其中,IAS 为惯性姿态敏感器产品的英文缩写,“FOG”为光纤陀螺的缩写,“14”为光纤陀螺的特性参数,最后的“1”同样表示是第1种基本型。

“3S+1 中精度光纤陀螺惯性姿态敏感器 1A 型”则表示此产品是“3S+1中精度光纤陀螺惯性姿态敏感器 1 型”的第一次改进型,其产品代号为“IAS - FOG14 - 1A”。

3. 产品状态梳理

对现有产品进行梳理,分析现有产品的规格、主要技术指标、研制及应用现状等,摸清家底,确认基本型。基本型应该是系列内最有代表性、经过生产和使用验证、功能和性能都比较可靠的产品规格。表 2 - 7 为光纤陀螺产品状态统计示例。

表 2 - 7 光纤陀螺惯性姿态敏感器产品现状统计示例

序号	产品名称或代号	应用领域及型号	主要技术指标			生产状态
			精度	寿命	…	
1	XX 型光纤陀螺惯性姿态敏感器	深空探测	XX	XX 年	…	已停产
2	XX 型光纤陀螺惯性姿态敏感器	遥感	XX	XX 年	…	优选,具备年产 XX 台以上能力

4. 产品竞争分析

从某种意义上来说,产品都是在为了某种资源而相互竞争,如用户、原材料、资金等。所以开展产品竞争分析时,如果确定的竞争者太多,则会增加分析的复杂程度,如果确定的竞争者太少,则有可能会忽视某个关键竞争。

产品竞争的分析,可以从三个层次开展。

(1) 产品形式竞争: 具有相似特性的产品,追求同一个细分市场。例如,在同一细分市场的不同企业的光纤陀螺惯性姿态敏感器产品就属于产品形式上的竞争。在产品形式上的竞争者是在产品特性角度上最为密切的竞争者,是对自身企业业务威胁最大的对手。

(2) 产品类别竞争: 即行业竞争,是确定竞争集合的传统方法,比产品形式定义的范围更宽一些。例如，针对不同应用领域而开发的光纤陀螺惯性姿态敏感器产品之间就属于产品类别上的竞争。

(3) 一般竞争：采用更长远的视角，关注产品的替代品，竞争被定义为为满足相同用户需求的产品或服务。惯性敏感器产品和星敏感器产品就属于此类竞争。一般竞争是走出企业面向用户确定的，产品形式和产品类别竞争是指生产类似产品的企业之间的竞争。

竞争的定义会影响市场的定义，以及最终产品战略的定义，竞争的范围相对于当时的市场条件不能太窄也不能太宽。一般情况下，最重要的竞争形式是产品形式和产品类别的竞争，此时争夺的目标是相同的用户。但是，如果发生重大技术创新，一般竞争就会影响整个产品系列，所以，一般竞争应该予以足够的重视程度，尤其是在制订长远规划时。

5. 产品树构建

产品系列化规划既要满足市场需求，又要符合企业的发展目标。企业一般都会希望拥有完整的产品系列，以追求较高的市场占有率，而可能忽视了产品系列中一些获利能力较差的产品。企业应该综合分析政治、社会、市场、利润等因素，合理开展产品系列规划。

产品系列化规划的结果是形成产品树。产品树是按照系列产品特征参数的重要程度，逐级划分产品树层次。按照特征参数的规格设置，确定各层次产品的划分，产品树模板如图 2－14 所示，图 2－15 为光纤陀螺惯性姿态敏感器产品树示例。

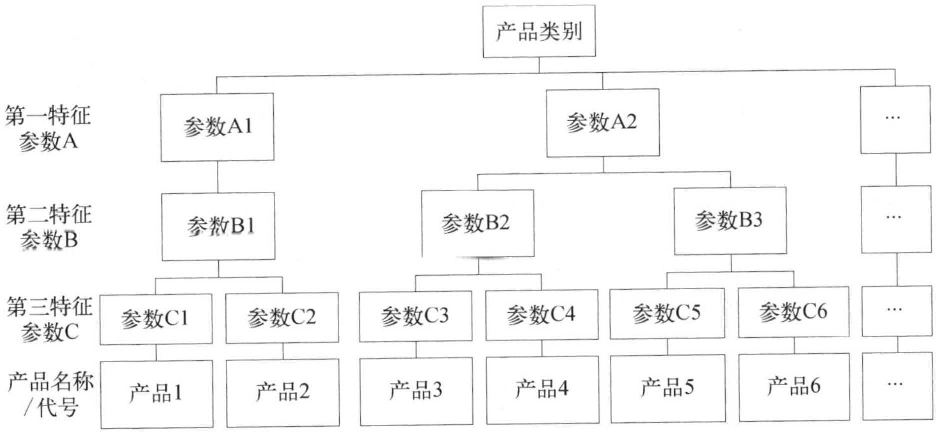

图 2－14 产品树模板

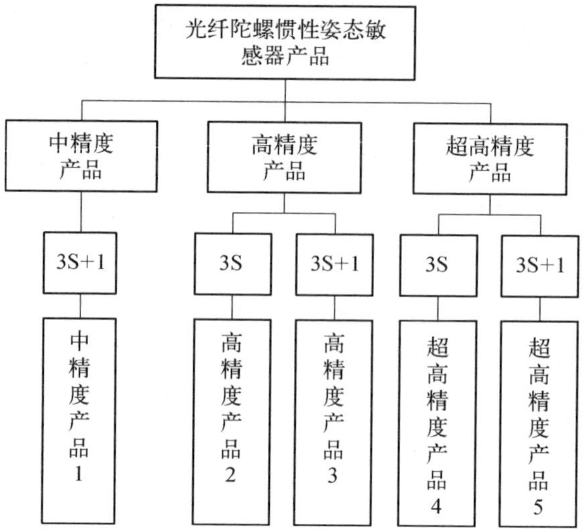

图 2-15　光纤陀螺惯性姿态敏感器产品树示例

产品系列可以从长度和宽度两个角度开展规划[15]。

产品系列的长度是指产品系列中产品种类的数量，宽度是指产品系列内产品规格的数量。如图 2-15 所示，将光纤陀螺惯性姿态敏感器产品划分为中等精度产品、高精度产品和超高精度产品三类，所以产品系列的长度为3；根据用户需求、使用条件等因素将产品种类细分为不同规格，如中等精度产品有 1 种规格，高精度产品有 2 种规格，超高精度产品有 2 种规格，总计 5 种规格，所以产品系列的宽度为 5。

产品系列的长度规划是指寻找产品类别中的空档，通过增加类别发掘未被满足的市场需求，或者针对竞争对手的薄弱环节，对症下药。图 2-15 中，光纤陀螺惯性姿态敏感器产品根据产品精度的不断提高，由中等精度产品逐步发展到超高精度产品。当然，长度规划除了增加长度还有缩短长度。缩短产品系列长度，削减利润很低或者销量很低的产品，节约成本，集中精力发展利润较高的产品，反而会使整个产品系列的总利润上升。

产品系列的宽度规划一般有向上延伸、向下延伸和两端延伸 3 种形式。所谓向上延伸，就是增加高端规格，产品向功能齐全的豪华型方向发展；所谓向下延伸，就是增加低端规格，产品向功能简化的经济型方向发展；两端延伸，就是同时向上延伸和向下延伸。同样以光纤陀螺惯性姿态敏感器产品为例，将宇航级元器件改为工业级元器件，选用成本更低、更易加工的原材料，推出了低成本的规格产品，从而满足商业航天低成本的需求，此种发展就属于向下延伸。

如果产品系列过短或过窄，则不利于在市场竞争中形成集团优势，就像是指挥官手中的兵马不足。但是产品系列过长或过宽，则用户了解产品信息需要花费时间变长，增加了用户的选购成本；而且，每款产品的推出都需要付出相应的成本，产品系列过长或过宽无疑会导致企业成本增长。因此，合理适度地选择产品系列的长度和宽度，在尽可能地提高市场竞争力的前提下，实现成本投入和利润产出的最优化。

2.3.2 技术规划

技术规划的主体是支撑技术，而非前沿技术，二者的内涵详见第四章。支撑技术是以产品实际应用为目标，针对的不是开拓新思想、新概念或新原理的探索性技术，而是那些直接影响产品设计、生产的技术，如润滑技术、减震技术。如果此类技术没有得到及时解决，就会直接影响产品的质量及工程应用。所以，需要针对此类技术提前开展规划、开发和储备，在短期内集中力量重点攻关突破，形成共享技术货架，供产品直接选用。

基于产品需求分析、技术发展分析、产品平台规划等内容开展技术规划，形成支撑技术树和支撑技术清单，优先选择技术成熟度等级低、产品应用范围广的支撑技术提前开发和储备。

支撑技术相关内容详见第四章。

2.3.3 产品生命周期规划

产品生命周期（product life cycle, PLC）是指产品从准备进入市场直到退出市场的全部过程，是由需求、技术等因素的变化共同决定的，是产品的经济寿命。产品生命周期理论是美国哈佛大学教授、著名经济学家雷蒙德·弗农（Raymond Vernon）于 1966 年在《产品周期中的国际投资与国际贸易》中首次提出。弗农认为，产品生命是指产品在市场上的营销生命，产品生命和人的生命类似，要经历引入（形成）、成长、成熟和衰退这样的周期，如图 2-16 所示。产品生命周期的用途之一就是为制订产品战略提供概念性框架。处于不同时期产品的技术水平、用户需求、市场竞争水平均有所不同，企业的产品战略自然也不同[15]。

1. 导入期

新产品投入市场即进入导入期，此时，市场上的竞争相对较少，但用户

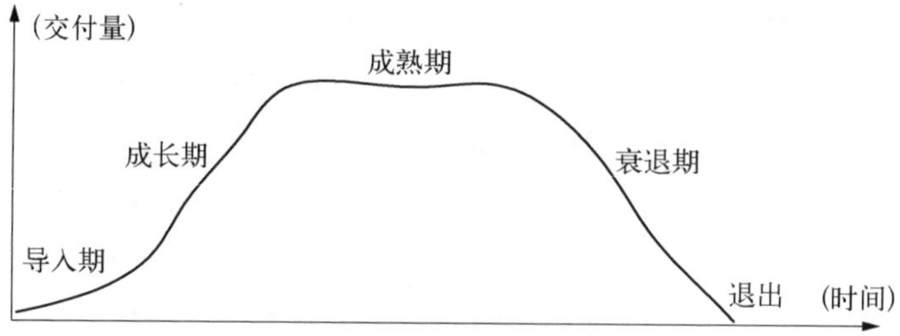

图 2-16　产品生命周期示意图

对于产品知之甚少,只有少数追求新奇或者长期固定用户可能购买,产品销售量增长缓慢。同时,由于技术尚未成熟,产品产量不高,因而产品生产成本较高,产品利润较低甚至亏损。

导入期的战略主要有两种:突击式和渗透式。突击式是指产品具有能够形成差别优势的特性,企业在短期内大量投入使得产品在导入期就可以快速进入市场并且能够站稳脚跟。渗透式正好相反,企业采用相对平稳的策略,产品逐步进入市场,逐步获得用户认可。

2. 成长期

产品进入成长期后,用户对产品已经比较熟悉,开始大量购买产品,产品销量上升很快,市场逐步扩大。企业的销售额快速增长,利润也迅速增加。但是,市场竞争者看到有利可图,也纷纷进入市场,市场竞争逐渐激烈。市场同类产品的增加导致价格随之下降,产品利润的增长速度逐步减缓。

成长期的战略与产品的市场地位有关。市场领导者可以选择维持,即维持其市场领先地位;或者选择退出,即将市场地位让与其他产品。市场跟随者可以根据领导者的战略、企业自身实力和市场实际情况等确认自身的产品战略。可以选择强化自身继续充当市场的第二位或第三位,也可以选择退出,投资于那些更有潜力的产品。当然,跟随者还可以选择超越,通过技术创新、市场营销等方式成为市场的领导者,但是,此种选择的风险是最大的。

3. 成熟期

成熟期时,市场需求趋于饱和,潜在用户已经很少,产品销售额增长平缓,产品处于整个生命周期中销量和利润的最高点。但是,同类竞争产品最多,市场竞争也达到最顶峰,在市场份额、分销渠道激烈竞争导致对交易和用户促销的巨额投入及竞争型定价最有可能出现在这一阶段。

成熟期的战略选择与成长期类似，同样取决于产品的市场地位。市场领导者可以选择“维持”，也可以选择“兑现”。其他企业可以根据领导者的战略来决定自身的战略。如果领导者选择“维持”，跟随者可以选择成为第二位或者退出，如果领导者选择“兑现”，那么跟随者就有机会向第一的位置冲击。

4. 衰退期

新产品或者替代品出现，使得用户的消费习惯发生变化，转向新产品或者替代品，从而使得产品的销售额和利润迅速下降，直至退出市场舞台。

而当产品进入衰退期后，企业一般会选择在适当的时候及时退出，但成为行业中最后一个退出的企业也是一种选择。最后一个企业可以对市场中剩余的用户形成垄断权力。

2.4 产 品 立 项

产品是企业的生命，是企业创造社会价值和满足自身利益的保障，失败的产品会给企业带来巨大的损失。

企业需要根据产品规划及用户需求开展具体规格产品（即目标产品）的开发工作。目标产品开发工作的第一步就是产品立项。产品立项是根据目标市场和用户的需求，结合企业战略和产品战略，确定目标产品是否开发的决策过程。严谨科学的产品立项管理能够帮助企业成功开发产品并推向市场。

2.4.1 产品分类

对于企业来说，一定时间内可使用的资源是有限的，企业无法将资源无限制地投入到所有项目中。即使资源充足，资源的过度分散也会造成企业在核心领域内投入不足，削弱企业的核心竞争力，影响企业的长期发展。所以，如何将企业有限的资源进行合理分配，以适当的资源消耗开发出满足用户需求、符合企业战略的产品，实现企业整体效益最优，就显得尤其重要。“7、2、1”原则就是解决这个问题的有效方法。

依据产品的贡献度、成长性、市场吸引力、竞争地位的分析结果，“7、2、1”原则将产品分类三类：聚焦产品、突破产品和布局产品。

（1）聚焦产品：是企业的主力产品，是企业现金流、市场份额、营业利润获取等的主力军。此类产品满足的是用户的紧迫需求或者短期需求，应纳入企业的短期规划，将企业的大部分资源（如70%）投入此类产品的开发中，保证企业健康正常发展。

（2）突破产品：市场潜力大、通过重点投入能够在未来2~3年重点推广的产品。此类产品通常满足的是用户的中短期需求，应纳入企业的中期规划，可以将企业适当的资源（如20%）投入到此类产品。

（3）布局产品：虽然在当下利润很少，但产品极具发展潜力，满足的是用户的长期需求，对企业未来发展会产生非常重要的影响，应该纳入企业的长期规划，需要投入必要的资源（如10%），是企业长远发展的保证。

以光纤陀螺惯性姿态敏感器产品为例。未来几年需求最大的中等精度产品应划分为聚焦产品，根据市场需求和技术发展趋势持续投入资源迭代升级，不断提高产品性能指标和可靠性水平，以保证获得稳定的市场份额和利润水平；为了满足商业航天市场需求研制的微小型、低成本产品可以划分为突破产品，而为了拓展新领域或采用革命性技术的产品则可以列为布局产品。

通常情况下，聚焦类产品和突破类产品最受到企业的重视，此类产品可以在短期内为企业带来实际的经济效益。但是，过分关注短期效益，缺乏长远规划，忽视布局类产品的开发，导致产品可持续发展动力不足。所以，企业需要合理分配三类产品的关注程度和资源，构建良好的产品发展结构，有助于企业形成良好梯队发展态势。

“7、2、1”原则强调依据产品在某一时间段内对企业的重要程度对产品进行分类，可以作为产品立项决策的重要依据之一，并实施差异化的资源分配。

2.4.2 立项策划

立项策划首先确定目标产品的需求，明确目标产品的主要功能、性能、数量、价格和交付时间等要求；在此基础上，提出目标产品的初始方案。产品的初始方案不同于设计，初步确定了目标产品的功能、性能、技术、周期、成本、资源等要素要求。

立项策划源于对某个行业领域或多个行业领域的了解，以及各领域之间相互影响及关联，需要创意和对行业的大局掌控。立项策划基于产品团队对行业的思考和自身的经验，考验的是产品团队的决策判断能力，策划做得好，产品就成功了一半。

立项策划一般包括任务分析、技术分析、功能组成策划、实现过程策划、风险分析等方面的内容。

2.4.2.1 任务分析

任务分析说明目标产品的任务来源，分析目标产品开发的必要性，简要说明产品开发的目标。

1. 需求分析

任务分析的第一步就是需求分析，即了解和确定与目标产品有关的全部要求。

（1）用户规定的要求，如合同、订单、技术协议、标书等，规定的要求包括产品的质量特性、周期、价格等，尤其要关注关键用户的利益诉求。利益诉求不仅仅指价格方面，还可以包含满足感、便利性等，从经济学来讲就是“效用”。

（2）用户虽然没有明确规定，但已知用途或预期用途所必须满足的要求，如安全性要求。

（3）企业自身确定的其他要求，企业根据市场或其他原因所规定的要求或作出的承诺，如保密性要求。

立项过程中的需求分析与产品规划过程中的需求分析有所不同，产品规划过程中的需求分析是针对产品系列所面向的所有市场进行的需求分析，更倾向于市场的趋势分析，而立项过程中的需求分析是针对目标产品所面向的细分市场或者用户的需求而进行的分析，范围更小、更聚焦，需求更明确、量化，宇航产品的立项过程往往是面向一个或者几个型号任务的具体产品开发需求。

需要注意的是，立项过程中的需求分析不仅要包含目标产品已知的市场或用户的需求，还应该包含未来可以预测的市场或用户的需求，便于产品在设计过程中统筹分析，开展产品模块化设计，降低后续因需求统筹不到位而引起的产品状态频繁变更的风险。

2. 竞品分析

竞品分析，旨在督促产品开发人员在产品开发之初就深入了解竞品，寻找产品的优势和劣势，确定产品开发策略。

调研国内外同类产品开发应用、主要技术指标的情况，对比分析目标产品与国内外同类产品在功能、主要技术指标的差异，帮助目标产品准确地找到市场定位,为目标产品的设计提供功能、性能、可用性、关键技术等方面的参考,提高目标产品的差异化程度,从而提升目标产品的市场竞争力(表2-8)。

表2-8 竞品分析

序号	主要技术指标	产品1	产品2	…
1				
2				
…				

以星载计算机为例。星载计算机是航天器姿态、轨道、制导与导航控制的核心产品,它的主要功能是采集航天器的姿态与轨道信息,进行实时的数据处理和计算,控制执行机构,接收数管分系统和测控分系统发来的航天器轨道要素、指令和系统配置、参数修正等信息,完成航天器的姿态、轨道、制导和导航控制。

表2-9是星载计算机产品1开展立项策划时,从寿命、可靠度等方面与国外3种同类产品开展的对标分析示例。通过对比分析,确定产品具有的技术优势,预计后续的市场应用推广前景。

表2-9 星载计算机对标分析示例

序号	技术指标	产品1	国外产品2	国外产品3	国外产品4
1	寿命	15年	15年	10年	10年
2	可靠度	>0.998	>0.996	>0.997	0.999
…	…	…	…	…	…

3. 产品目标确定

根据需求分析和竞品分析的结果,综合目标产品的任务要求、未来可能的预测需求及产品发展趋势,对目标产品特性进行初步分解,识别产品的开发目标。产品的开发目标可以包含功能性能目标,也可以包含销售目标、成本目标等。

2.4.2.2 技术分析

技术分析是产品立项中非常关键的工作,对目标产品所涉及的技术进行全面的科学分析论证，主要包含两部分内容：技术可行性分析和工程实现性分析。

（1）技术可行性分析：根据任务要求，分析现有国内外同类产品的技术路线，结合已有产品经验、数据等，确认目标产品可能存在的技术难点，给出初步解决方案，分析技术上是否可以保证目标产品的正常推出。初步开展技术选用分析，针对选用的成熟度较低的技术开展技术风险分析，提出初步的风险控制措施，并纳入风险项目进行统一管理。

（2）工程实现性分析：结合企业自身及外协企业的生产设备能力、工艺水平和生产质量管理等条件，依据初步确定的目标产品的技术路线，对目标产品生产制造过程中原材料供应、元器件采购、材料加工、零（组）件加工、装配等方面开展工艺分析，确认可能存在的工艺问题，提出初步解决措施，明确目标产品的工程实现路线。

2.4.2.3 功能组成策划

用户购买产品，是购买产品的功能，其购买动力就是对于产品功能的需求。宇航产品通常属于结构复杂、制造难度高、质量要求高的产品，因此，产品功能的设计是产品设计的核心，也是提高用户黏度的核心途径。

按照系统分解方法，对产品的结构或者功能进行初步分析，分解产品的结构或者功能，化整为零，形成结构或者功能模块单元；将用户提出的技术指标转化为产品级的技术指标，将产品级的技术指标分解为结构或者功能模块单元的技术指标。根据模块的技术指标及以往的设计经验初步完成结构或者功能单元的设计，将这些结构或者功能单元依据一定的逻辑顺序组合，便形成最初的产品形态。通过优化评判和形态修正，可确定最终方案。

产品组成策划除了要考虑每个结构或者功能模块单元的设计以外，还要考虑单元之间的协调性设计，如不同单元之间安装连接方式、可装配性等。

2.4.2.4 实现过程策划

产品实现过程策划主要包含流程策划、验证策划、文件策划、资源策划、经费策划等。

1. 流程策划

开展产品开发流程策划，参照产品通用开发流程，根据产品开发需求和目标，对通用流程中的工作项目进行必要的修改、删减和补充，定制本产品的开发流程。开发流程的相关内容详见第六章。

结合产品定制的流程，梳理出产品开发过程中的重要里程碑节点、协同审查点、重点工作内容等信息，如表2-10所示。

表2-10 产品开发里程碑节点示例

序号	里程碑	计划时间	重点工作内容
1	产品方案设计	XX年XX月XX日	1. 开展产品需求分析，初步明确产品功能、性能指标等方面需求； 2. 开展方案可行性论证、对比分析、继承性分析，确定产品设计方案，识别关键元器件，开展元器件选用审查，明确关键技术及其解决方案； …
2	产品详细设计	XX年XX月XX日	1. 完成产品功能性能参数的全面优化，包括任务分析、指标分解、产品功能性能分析、可靠性分析、裕度充分性分析、工艺性分析、测试性分析、风险分析等，固化产品设计技术状态； …
3	产品交付	XX年XX月XX日	完成产品交付验收
4	…	…	…

在里程碑节点的基础上，按年度对工作节点进一步分解，列出年度工作计划，年度计划要尽量具体，便于追踪考核，如表2-11所示。

表2-11 产品年度计划节点表(XX年度)示例

序号	节点内容	计划完成时间	责任人	责任部门	备注
1	完成方案设计报告评审				
2	完成产品代号申请				
3	完成物料编码申请				
4	完成产品订单下达				
5	…				

2. 验证策划

在产品技术和工程实现分析基础上，从设计角度对产品的功能、性能、设计参数开展可验证性分析，重点分析针对设计如何开展验证、验证方式、验证时机、验证条件等内容。

产品验证项目可以分为仿真分析项目、工艺验证项目、研制试验项目。

(1) 仿真分析。仿真是指采用数字化手段，对产品的各项性能进行研究，以提高产品设计效率的一种方法。根据宇航产品的特点，宇航产品仿真分析项目主要可以分为原理性仿真、性能仿真、工艺性仿真和可靠性仿真四类(仿真分析的相关内容见8.2.3小节)。

按照产品类别提前梳理出每种产品常见的仿真分析项目，供具体产品设计时参考。根据产品的实际需求，确定产品所需开展的仿真分析工作项目，如表2-12所示。

表2-12　仿真分析项目清单

序号	仿真分析项目名称	目　的	开展时机	备　注

(2) 工艺验证。工艺验证是指依据预定标准要求的判定准则，针对产品拟采用的新工艺或者状态发生变化的工艺，采取标准规定的工作程序进行评价和确认的过程(工艺验证的相关内容见8.2.3小节)。结合产品特点，明确产品开发需开展的工艺验证工作项目，如表2-13所示。

表2-13　工艺验证项目清单

序号	工艺验证项目名称	目的	开展时机	工艺实施单位	备　注

(3) 研制试验。研制试验是指以暴露产品设计缺陷、改进设计方案和验证设计正确性而开展的试验。研制试验的目的是在产品开发初期通过“试验-分析-改进”的过程，不断完善和优化产品设计，消除产品的设计和工艺

缺陷,充分验证产品设计和工艺方案,完善设计模型,验证设计裕度,充分暴露故障模式。研制试验一般包括功能/性能试验、设计验证试验、环境适应性试验、拉偏试验、极限摸底试验、寿命试验等(研制试验的相关内容见 8.2.3 小节)。

按照产品类别提前梳理出每种产品常见的研制试验项目,供具体产品设计时参考。根据产品实际需求,确定具体的试验项目,如表 2-14 所示。

表 2-14 研制试验项目清单

序号	研制试验名称	目的	开展时机	投产子样要求	试验设备要求	备注

3. 文件策划

对支持产品实现的文件需求进行策划,列出产品的文件配置清单,如表 2-15 所示。

表 2-15 文件配置清单示例

序号	文件分类	文 件 名 称
1	设计类报告	XX 产品详细设计报告
2		XX 产品工艺总方案
3		…
4	生产文件	XX 产品机械图
5		XX 产品单板原理图
6		…
7	测试类文件	XX 产品调试、测试和试验细则
8	…	…

4. 资源策划

产品资源包括目标产品开发过程中的人力、设备、材料及各种设施等。

产品资源是目标产品开发顺利开展的重要保证，是关系到产品开发成本、质量、周期等目标实现的重要条件。

资源策划是对目标产品开发过程中所需各种资源进行计划、组织、调配和控制的各项活动，即需要什么资源、需要多少、什么时间需要、需要什么质量的资源等。

例如，星载计算机产品1机箱表面处理、PCB加工、PCB电装等工序通过外协企业完成，如表2-16所示。

表2-16 工序外协示例

序号	外协工序	外协企业	外协单位资质
1	机箱表面处理	企业1	合格供方
2	PCB加工	企业2	合格供方
3	PCB电装	企业3	合格供方
4	…	…	…

5. 经费策划

首先由于宇航产品可靠性要求高、维护难度大的特殊性，以往宇航产品开发重点关注产品质量，在资源保障、经费投入上不计成本，容易造成成本偏高；其次，以往的成本管理过多地集中于生产制造阶段，忽略了前期设计阶段的成本控制，但是产品的设计开发成本却决定了产品总成本的70%~80%；再者，只有少数人关注成本，多数产品开发及生产人员没有认识到降低成本是提高经济效益、增强企业竞争能力的关键。

但是，随着我国经济体制改革及国防科技工业市场化改革的不断深入，宇航企业面临日益激烈的竞争，迫使宇航企业开始寻求各种成本控制和管理方法来加强内部管理。在竞争中如何保持企业的优势，如何在保证产品质量的情况下压缩成本、优化资源配置、形成核心竞争力，这些都需要宇航企业对成本控制和管理模式进行优化。

产品开发经费策划是宇航产品面向成本设计的第一步，是产品立项策划中非常重要的工作之一，也是产品开发决策的重要依据。本节所指的经费是与产品开发直接相关的材料费、外协费、试验费、专用费等。

（1）材料费：指在产品开发过程中必须消耗的各种原材料、元器件、辅助材料、外购成品及其他低值易耗品的采购，也包含新材料和新品元器件的开发费用。一般情况下按照元器件、原材料、耗材三种类别进行归类。

(2) 外协费：指在产品开发过程中由于企业自身的技术、工艺和设备等条件限制，必须支付给其他企业的设计、检测、加工、试验等费用，一般包括设计外协费、采购外协费、工序外协费、检测外协费、试验外协费等。

(3) 试验费：面向产品验证的环境试验、专项试验（如抗辐照、可靠性试验）等，需要单独列支在试验费中。模块级的环境试验的费用应进行单独标记，并统计为试验费。

(4) 专用费：指在产品开发过程中购买、自制或租赁专用仪器设备、专用工艺装备、样品样机、专用软件等发生的费用，一般包括专用测试设备（含软件）的研制和改造、专用工艺设备的购置、工装加工、技术改造等。

产品开发人员在编制产品立项策划报告时，明确产品开发需求，由主承制部门经费管理人员同步编制产品开发成本预算表，进行产品开发全阶段的成本预算，表 2－17 为模样阶段产品开发成本预算表。产品负责人在审签产品立项策划报告时，同步审查预算表。

表 2－17　模样阶段产品开发预算表（部分）

产品开发预算表（单位：万元）						
产品名称				产品代号		
阶段	预算项目			投产数量	金额	备注
模样阶段	材料费	元器件	…			
		原材料	…			
		产品外协	XX 组件 1			
			XX 组件 2			
			…			
		加工外协	结构加工			
			PCB 加工			
			PCB 电装			
			表面处理			
			…			

续 表

阶段	预算项目			投产数量	金额	备注
模样阶段	试验费	环境试验、专项试验等	力学			
			热学			
			…			
	专用费	专用测试设备、仪器费用				
		工装类费用				
		基础设施改造，技术改造等费用				
	概算合计		Σ			

在产品立项策划报告评审时，同步评审预算表，评审组成员要对预算项目进行分析讨论，就其合理性和必要性给出意见和建议。若产品预算评审不通过，产品需重新进行设计，更新预算表后再次提交评审。

在产品立项策划过程中，产品团队还要结合成本预算及市场状态，客观地给出产品开发总成本、单台产品生产成本、意向销售价格及预测销售数量等数据，核算产品的盈利状况，填写盈利情况评估表，如表2－18所示。产品立项策划评审时，评审组成员审查盈利情况，通过或者否决新研产品开发项目业务计划，按计划给通过的产品投入相应的资源。

表2－18 盈利情况评估表

项 目	项目数据	填 写 说 明
开发成本合计（万元）		包含成本预算表中工样生产以外的全部预算合计
单台正样成本（万元）		不包含正样生产阶段投产的专测设备成本
专测设备成本（万元）		包含为正样生产投产的专测设备总成本

续 表

项　目	项目数据	填　写　说　明
意向销售价格（万元）		根据市场同类别产品售价及市场办给出合理的意向售价
预测生命周期（年）		根据产品实际指标及技术更新换代速度，预估正样产品的合理生命周期
预测销量（台/套）		根据产品适应性及理想的生命周期，预估产品的预测销量
产品盈利点（台/套）		当销量为该产品收回全部开发成本，开始盈利的销售数量
预测盈利额（万元）		产品生命周期盈利状况

如果需要调整预算时，由产品开发团队提出申请调整，提交审批，审批通过后，方可调整预算表中的相应额度。

经费预算要作为后续产品开发过程中成本管控的依据。在产品开发过程中，要在一些决策评审点对产品经费使用情况进行审查，尤其是在转阶段过程中要进行重点审查。由主承制部门成本管理人员核算产品上一阶段开发过程中的总成本，并与预算做出比较，评审组对阶段总成本及预算偏差情况进行审查，做出项目继续、项目终止、项目修改的决策。

2.4.2.5　风险分析

产品开发是一个复杂、动态、连续的过程，其中涉及大量的信息收集、分析、筛选及传递，方案选择与确定，要素资源投入与配置，生产制造等一系列工作，这些工作不同程度地存在不确定性，从而导致风险的发生。

宇航产品开发风险通常包含技术风险、质量风险、采购风险、进度风险、经费风险和安全性风险等。为了保证产品开发顺利开展，就必须加强对产品开发风险的管控，识别可能影响产品开发成功的风险因素，评估各种风险因素对产品开发的影响，制订和实施风险控制措施和控制计划，监控风险控制措施的执行情况以及评价风险的控制结果。识别出的各类风险是产品开发决策的重要关注点。表 2－19 为风险项目清单。

表 2-19 风险项目清单

序号	风险类型	风险项目内容	风险控制措施	风险控制计划
1	技术风险			
2	…			
3	质量风险			
4	…			
5	采购风险			
6	…			
7	进度风险			
8	…			
9	经费风险			
10	…			
11	安全性风险			
12	…			

2.4.2.6 立项策划报告模板

1. 概述

2. 引用文件

引用的策划依据、标准和文件，按国家标准、国家军用标准、行业标准、企业标准和引用文件的顺序排列。

3. 任务分析

3.1 需求分析

3.2 竞品分析

3.3 产品目标

4. 技术分析

5. 功能组成策划

6. 实现过程策划

6.1 流程策划

6.2 验证策划

6.3 文件策划

6.4 资源策划

6.5 经费策划

7. 风险分析

8. 需协调的问题和建议措施

提出需协调解决的问题,并初步提出解决措施建议。

9. 结论

对产品各项策划工作的可行性、风险分析的全面性及策划目标的可实现性给出明确结论。

2.4.3 产品决策

产品是否开发,企业需要建立一套决策机制保证产品开发决策过程的科学合理,不应该仅靠企业最高领导者个人决策,而应该成立决策组织机构,形成组织级决策机制,保证决策机制可以长期有效地执行。

决策组织机构可以由企业最高领导者牵头,主要成员包含:企业高层、技术专家、市场部门、生产部门、质量部门、研发部门、采购部门和财务部门等部门主要代表。

决策机构根据产品团队立项策划的结果,综合各方面意见,给出是否同意产品立项的决议。

2.5 小 结

本章对产品需求分析及规划进行了详细的论述,内容主要包含需求分析、产品规划和产品立项三部分。市场需求是企业组织产品开发的原动力,任何时候产品开发都不能背离市场的发展趋势和用户的需求。产品规划是在需求分析的基础上,根据企业自身情况和发展方向,制订企业产品发展规划。企业根据规划结果或者用户需求组织开展具体规格的产品开发工作,助力企业将产品成功地推向市场。

第三章 模块化设计

企业的全部活动应以满足用户需求为中心，这已成为各企业的共识，但这并不代表要“无节制、无底线”地满足用户需求。面对用户的需求，企业应进行有效地识别和管理，否则会付出高昂且非必要的开发与运营成本。

企业一方面希望利用产品的通用化和批量化来缩短上市周期、降低产品成本、提高产品质量，另一方面还要不断地进行产品创新以满足用户日益增多的定制化需求。如何平衡产品的通用化与定制化之间的矛盾，成为赢得竞争的关键。模块化设计可以在保持产品具有较高通用性的同时，通过多样化配置方式满足定制化需求，为解决通用化与定制化之间的矛盾提供了一套方案。

模块化设计是现代设计方法中一种重要的设计方法，其基本思想是通过有限的模块组装成满足用户个性化需求的产品，目的是快速响应市场的多样化需求，缩短产品开发周期，降低产品开发成本。太空探索技术公司(SpaceX)在工程设计上充分践行了模块化思想。Falcon 1 和 Falcon 9 火箭采用相似的整体结构，同源的软件和电子设备，以及相似的发射着陆指令，实现多型号任务间部件的复用。SpaceX 深刻地意识到，模块化的设计理念既能节省成本，也能提高制造效率。

宇航产品具有技术难度大、资金投入大、开发风险高等特点，宇航产品既要满足型号任务要求，又要符合企业可持续发展战略；既要最大限度地继承以往经验，又要持续创新；既要实现产品快速搭建、快速成熟，又要满足质量管理体系要求。

在产品设计方面，宇航企业在“三化”工作的基础上实施了产品工程。产品工程是以宇航产品为研究对象，在系统工程和管理科学等学科基础上形成的交叉学科。产品工程以产品成熟度理论为核心，通过产品成熟度、产品数据包、产品型谱、产品化设计、产品定型等技术与方法，对宇航产品设计、开发、试验及质量控制、持续改进进行系统规划、评价与创新[3]。

宇航产品集成开发模式在产品工程的基础上，充分体现集成开发理念，以模块化方法构建产品开发平台，实现产品快速开发。

3.1 模块化设计简介

3.1.1 模块

“模块”的概念很早就被提出，《标准化概论（第5版）》将模块定义为“通常是由元件和零部件组合而成的、具有独立功能的、可成系列单独制作的标准化单元，通过不同形式的接口与其他单元组成产品，且可分、可合、可互换。”所以，模块具有以下特点。

（1）独立性：不同的产品模块在功能或者结构上相互解耦。

（2）组合性：模块是产品的组成部分，不同的模块可以组合成不同的产品。

（3）互换性：同一类型模块，一般具有相同的安装位置、尺寸及接口，可直接进行模块的更换。

3.1.2 模块化设计概念

模块化设计是指通过对产品的功能、结构进行研究和分析，划分出一系列模块，通过模块的选择和组合构成不同的产品，以满足用户对产品多样化的需求，是实现快速、低成本、高质量、高效益产品开发的有效途径[16]。

模块化设计力求以少量的模块组成有限的产品，经济合理地满足用户多样性的需求，已被广泛应用于机床、电子产品、航天、航空等领域。美国联合攻击机F-35，是模块化设计在航空领域上的典型应用，起落型、舰载型和短距起飞垂直着陆型三种规格，其零部件的通用性超过80%。洛克希德·马丁公司建造的模块化濒海战斗舰（littoral combat ship, LCS）采用模块化开放式结构，通过安装不同的任务模块可以适应濒海反水面战、水雷战或反潜战等不同任务使命。

模块化设计可以通过模块的选择和组合构成不同的产品，这是相似性原理在产品设计上的应用，通过模块化设计可以实现标准化与定制化的有机结

合,在定制化的产品需求与企业对于规模效益的追求之间寻找到平衡点。

3.1.3 宇航产品模块化设计

宇航任务需求一般包含天基通信、导航、遥感、载人航天、深空探测等多种类型,宇航产品涉及测控、控制、动力推进、动量提供等不同功能,因此形成了复杂、多样的宇航产品需求矩阵。

同时,宇航产品具有应用环境恶劣、工程复杂度高、可靠性要求高的特点,宇航产品开发特别注重对已有经验的总结和继承,一般采用通过对在轨成功飞行的产品进行变更或派生的方式进行产品开发,以满足不同型号的任务需求。因此,模块化设计非常适合应用于宇航产品开发。

宇航产品的模块化设计包含模块创建与维护、模块选用与设计两部分内容。模块创建与维护是按类别分析产品的功能及结构特点,创建符合产品需求的模块,纳入模块库统一管理以便于产品选用。模块选用与设计是指在具体产品开发过程中,根据用户的实际需求,在满足相互约束关系的条件下从模块库中进行模块的选择和组合,以相对最优的组合来形成满足用户需求的产品。宇航产品模块化设计如图 3-1 所示。

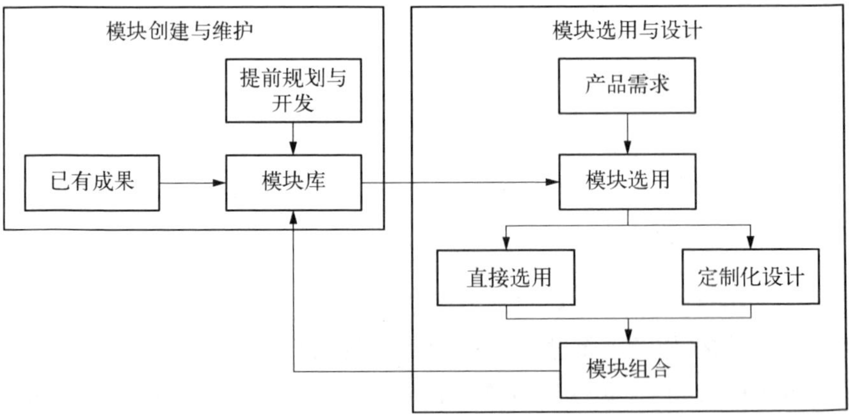

图 3-1 宇航产品模块化设计示意图

本节将结合双组元推力器产品实例介绍模块化设计过程。

双组元推力器是一种典型的液体火箭发动机动力装置,两种推进剂混合燃烧产生高温、高压气体,最终通过推力室将推进剂化学能转换为燃气动能,产生推力及冲量,为航天器轨道转移和姿态控制提供推力。和其他类型

的动力装置相比，主要技术特点包括：

（1）在化学推进技术中比冲较高；

（2）与电推进相比，推力较大；

（3）推进剂能够自燃，空间点火性能好；

（4）启动迅速，控制方便，可靠性高；

（5）技术成熟，实用性广。

双组元推力器广泛应用于各类航天器，不同推力量级的推力器可以满足不同空间任务需求。从应用场景上划分，双组元推力器可以分为姿控推力器和轨控发动机两种类型，通常姿控推力器推力量级较小，比冲性能略低，寿命要求高，要求能够脉冲工作；轨控发动机推力量级较大，比冲性能高，但寿命要求相对偏低，且以稳态工作为主。

通过模块化设计，能够避免双组元推力器产品为满足不同型号的差异化需求而频繁开展的产品级设计、生产的适应性修改，缩短产品开发周期，降低产品维护成本。

通过模块化设计，能够提高通用模块的复用率和成熟度，尤其是核心功能模块，各模块之间解耦，可以独立开展设计、制造、装配、检验和测试工作，可以实现并行研制和提前储备，有利于产品的快速集成，提高产品开发效率。

3.2 模块创建与维护

3.2.1 模块创建

根据模块的来源，可以将模块创建分为三种方式：① 对已有模块进行梳理而提炼的模块；② 通过提前规划而开发的模块；③ 根据具体产品需求而开发的模块。本节重点介绍第一种方式，第二种方式一般结合产品规划和技术开发开展，相关内容请见第二章和第四章，第三种方式将在模块选用与设计中进行介绍。

第一种方式是指在根据产品功能或者结构按照一定的规则将产品分解成能进行独立设计和制造的模块的基础上，将模块设计、制造等过程的关键影响因素提炼为标准化设计要素，并以标准化设计要素为依据对已有的模块进行梳理，将经过验证、状态稳定的模块提炼为标准模块。

3.2.1.1 模块划分

模块创建的第一步就是模块划分。模块划分是将产品按照一定的规则划分成能够进行独立设计和制造的模块,模块之间通过标准化的接口连接。模块划分是模块化设计工作的基础,模块合理的划分是模块顺利组合的前提。在模块划分的过程中,要采用合适的划分原则或方法,需要考虑产品的功能、性能、开发周期、装配、加工、成本、可制造性、供应商等因素,以保证模块划分的最优化及模块组合的便利性。

宇航产品往往结构复杂,在开展模块划分时除了保证划分后模块功能和结构的独立性、完整性以外,还应考虑划分的层级问题,从而得到合理的不同层级的模块。图 3-2 为模块划分层级示意图。将产品划分为若干个一级模块(如模块 1、模块 2),一级模块又可以继续划分为若干个二级模块(如模块 11、模块 12)。

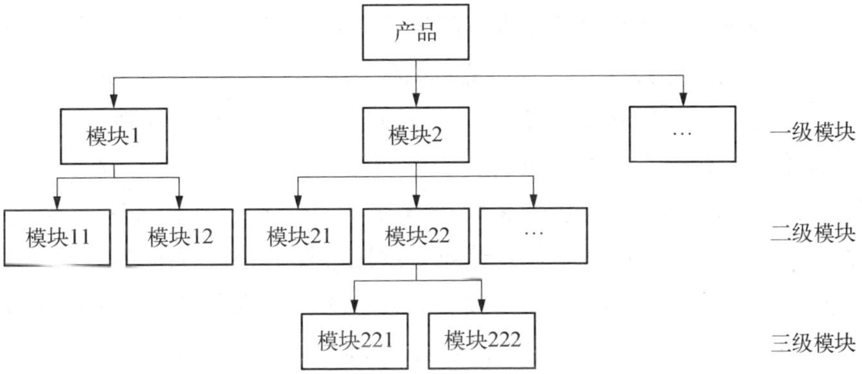

图 3-2 产品分解层级示意图

模块划分层级增加,模块的数量会随着增加,模块自身的复杂度就会适当降低,模块的标准化、系列化、通用化程度就会相对较高。但是,模块数目增加,模块装配的复杂度就会增加,模块管理也会更加复杂。如果减少模块划分的层级,模块的数量就会减少,虽然便于管理和装配,但是模块会变得相对复杂,也会降低模块的通用性和模块组合的灵活性。所以,模块层级和数量的选择要适当。

以双组元推力器产品为例。对双组元推力器产品进行结构梳理,按照模块化设计原则,将产品划分为控制阀模块、节流孔板模块、喷注器模块、推力室模块和热控模块。

双组元推力器模块分解图如图 3-3 所示。

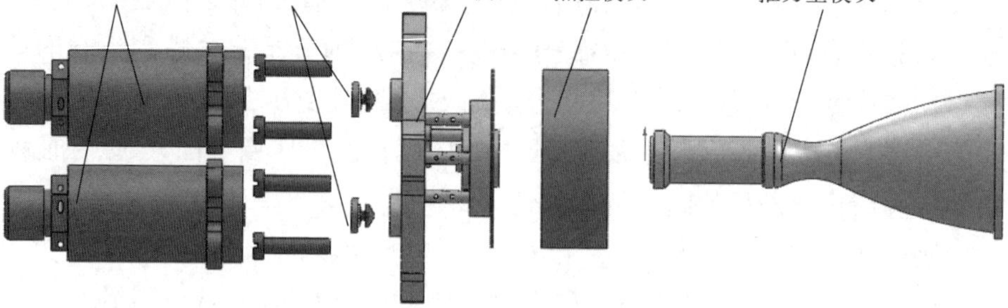

图 3-3 双组元推力器模块分解图

3.2.1.2 标准化设计要素

标准化设计要素是指对模块设计过程中的影响要素进行提炼,形成具体的设计准则。标准化设计要素不同于技术指标,技术指标是设计的结果,一般都是量化指标,如精度、寿命等;而标准化设计要素是影响设计过程的因素,可以是量化的,如尺寸等,也可以是非量化的,如结构、材料等。

标准化设计要素首先要具有代表性,作为模块设计过程中的重点考虑因素,能够直接影响设计结果;其次,标准化设计要素要具备可区分性,即不同模块一般具有不同的标准化设计要素;再次,标准化设计要素还要具备易识别性,即具有显性化特征,易于被产品开发人员识别和分析。标准化设计要素可以为产品开发人员提供设计参考,同时,也作为标准模块的筛选依据。

编制标准化设计要素代号,作为标准化设计要素的唯一标识,确保代号标识明确和可追溯。通过统一、简洁、完善、无二义且有充足信息的标识对标准化设计要素进行描述,便于对设计要素进行划分和管理。标准化设计要素代号包含标准化设计要素缩写、产品名称缩写、设计对象代号和要素序号。

(1) 标准化设计要素缩写:例如“BYS”。

(2) 产品名称缩写:可以是模块所属产品的英文名称的缩写,也可以是中文名称拼音的缩写。

(3) 设计对象代号:设计对象即标准化设计要素所属的模块,设计对象代号可以是模块名称的缩写,也可以编制数字序号作为设计对象代号。

（4）要素序号：即标准化设计要素的排列序号，可以编制数字序号作为要素序号，一般从 01 开始。

以双组元推力器产品为例。双组元推力器标准化设计要素代号包含 BYS、BTHR、设计对象代号和要素序号。

（1）BYS：为标准化设计要素中文拼音缩写。

（2）BTHR：为双组元推力器产品名称缩写。

（3）设计对象代号：以模块名称缩写作为。例如，双组元推力器产品控制阀模块的名称缩写为 SV，所以将 SV 作为控制阀模块的设计对象代号；热控模块的名称缩写为 TC，所以将 TC 作为热控模块的设计对象代号。

（4）要素序号：即标准化设计要素的排列序号，一般以数字序号作为要素序号。例如，控制阀模块的标准化设计要素共包含磁路结构、衔铁结构、密封阀座数等 5 个要素，其要素序号可以定义为 01～05，如表 3－1 所示；热控模块的标准化设计要素包含驱动电压、加热器件和测温电阻共 3 个要素，其要素序号可以定义为 01～03，如表 3－2 所示。

表 3－1　控制阀模块标准化设计要素示例

序号	要素名称	代　号	要　素　内　容
1	磁路结构	BYS－BTHR－SV－01	按控制阀的响应速度和寿命要求确定
2	衔铁结构	BYS－BTHR－SV－02	分为有摩擦和无摩擦两种方式
3	密封阀座数	BYS－BTHR－SV－03	按控制阀的密封方式确定
4	…	…	…

表 3－2　热控模块标准化设计要素示例

序号	要素名称	代　号	要　素　内　容
1	驱动电压	BYS－BTHR－TC－01	对热控模块的驱动电压进行规范
2	加热器件	BYS－BTHR－TC－02	对热控模块加热器件的类型和规格进行规范
3	测温电阻	BYS－BTHR－TC－03	对热控模块测温电阻的类型和规格进行规范

3.2.1.3 标准模块

标准模块是在标准化设计要素的约束下,在众多已有的设计状态中提炼出来的技术状态明确、经过验证、可供产品直接选用的模块。标准模块的提炼需要在满足现有型号任务需求和未来型号任务需求的前提下,适当压缩已有技术状态,既不能压缩太少,无法起到压缩状态的目的,也不能压缩太多,影响了现有产品的状态管理和后续产品需求的实现。标准模块固化后,对于没有采用标准模块的产品,要在适当的时机开展产品升级,更换为固化后的标准模块。

编制标准模块代号,作为标准模块的唯一标识,确保代号标识明确和可追溯。通过统一、简洁、完善、无二义且有充足信息的标识对标准模块进行描述,便于对标准模块进行区分和管理。标准模块代号包含标准模块缩写、产品名称缩写、设计对象代号和设计序号。

(1) 标准模块缩写:例如“BZX”。

(2) 产品名称缩写:可以是标准模块所属产品英文名称的缩写,也可以是中文名称拼音的缩写。

(3) 设计对象代号:设计对象即标准模块,可以将标准模块名称的缩写作为设计对象代号。

(4) 设计序号:即为标准模块的排列序号,一般从01开始。

以双组元推力器产品为例。双组元推力器标准模块代号包含“BZX”、“BTHR”、设计对象代号和要素序号。

(1) BZX:为标准模块的中文拼音缩写。

(2) BTHR:为双组元推力器产品名称缩写。

(3) 设计对象代号:设计对象代号的规则同标准化设计要素一致,即设计对象为产品分解后的各个模块,可以用模块名称缩写作为设计对象代号。例如,双组元推力器控制阀模块的名称缩写为SV,所以将SV作为控制阀模块的设计对象代号;热控模块的名称缩写为TC,所以将TC作为热控模块的设计对象代号。

(4) 要素序号:即标准模块的排列序号,可以编制数字序号作为要素序号。

例如,根据控制阀模块的5个标准化设计要素,对控制阀模块已有的设计结果进行统计梳理,综合考虑用户需求、可制造性、供应商的可获得性、成本等方面,优选出热控模块的标准模块,如表3-3所示。

表 3－3　控制阀模块标准模块示例

序号	对象名称	标准模块代号	磁路结构	衔铁结构	密封阀座数	…	应用范围
1	控制阀模块	BZX－BTHR－SV－001	方式 1	有摩擦	…	…	产品 1、产品 2
2	控制阀模块	BZX－BTHR－SV－002	方式 2	有摩擦	…	…	产品 3
3	控制阀模块	BZX－BTHR－SV－003	方式 3	无摩擦	…	…	产品 5、产品 6、产品 7

根据热控模块的 3 个标准化设计要素，对热控模块已有的设计结果进行统计梳理，综合考虑用户需求、可制造性、供应商的可获得性、成本等方面，优选出热控模块的标准模块，如表 3－4 所示。

表 3－4　热控模块的标准模块

序号	对象名称	标准型代号	供电电压	测温范围	加热器电阻	…	应用范围
1	热控模块	BZX－BTHR－TC－001	…	…	…	…	全系列产品

对标准模块应用范围进行梳理，筛选出可以在不同产品或不同产品系列之间实现共享的模块，列为通用模块，仅在一款产品上应用的模块列为专用模块。

例如，根据控制阀标准模块的应用范围，代号为 BZX－BTHR－SV－001、BZX－BTHR－SV－003 的标准模块可以在不同产品之间复用，可以列为通用模块，代号 BZX－BTHR－SV－002 的标准模块只应用在 1 款产品上，所以列为专用模块。而热控模块仅有一个标准模块，且在产品全系列可以通用，可以将该模块列为通用模块。

标准模块的应用范围是随着产品的应用情况而变化的，专用模块一旦在其他产品上应用，专用模块就转为通用模块。

3.2.2 模块维护

模块维护就是将标准模块和相关要素一同纳入模块库进行管理,作为统一出口以便产品开发人员进行模块选用或者模块查询,提高模块的利用成效。模块维护包含模块库组成和模块库管理。

3.2.2.1 模块库组成

1. 模块库组成元素

模块库是一定范围产品的标准化设计要素、标准模块和模块设计规范的集合,如图 3-4 所示。可以针对一个产品系列构建一个模块库,如果产品系列复杂,可以将产品系列进行划分,形成多个子系列,每一个子系列都可以构建一个模块库。

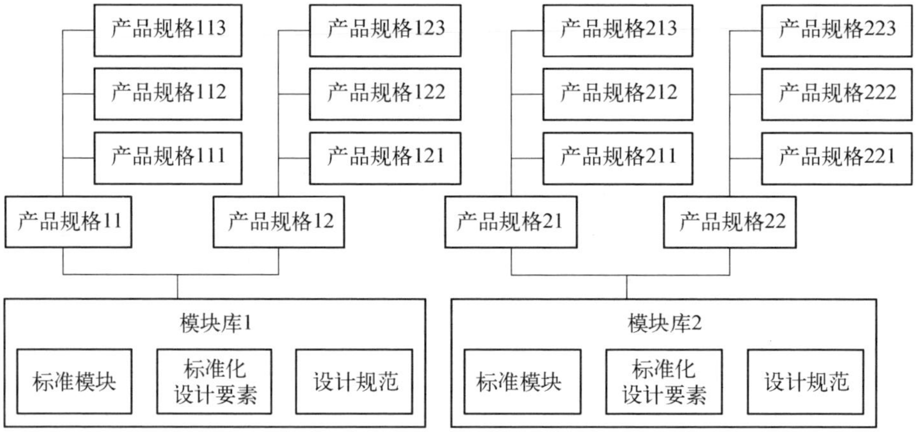

图 3-4 模块库示意图

通用模块及相关要素的集合就构成了通用模块库,如图 3-5 所示,利用通用模块库可以共享最佳工程实践、先进设计方法、有效设计准则、成熟应用规范等,实现设计开发的知识重用,产品开发风险将大大降低,对于提升开发质量、加快开发进度、降低开发成本均具有十分重要的意义。

IBM 在实施 IPD 之前,每年产品有超过 103 000 个 BOM 条目、540 000 个在使用的物料编码、5 000 个供应商,与产品相关的专用设计和技术非常多,产品之间、部门之间缺少重用和共享。IBM 实施模块化设计后,通过产品重整,鼓励技术、零部件、模块、子系统的重用和共享,在合并关键零部件方面取得了很大的成功,例如,机箱结构种类从 14 种下降为 4 种,母板种类从 15

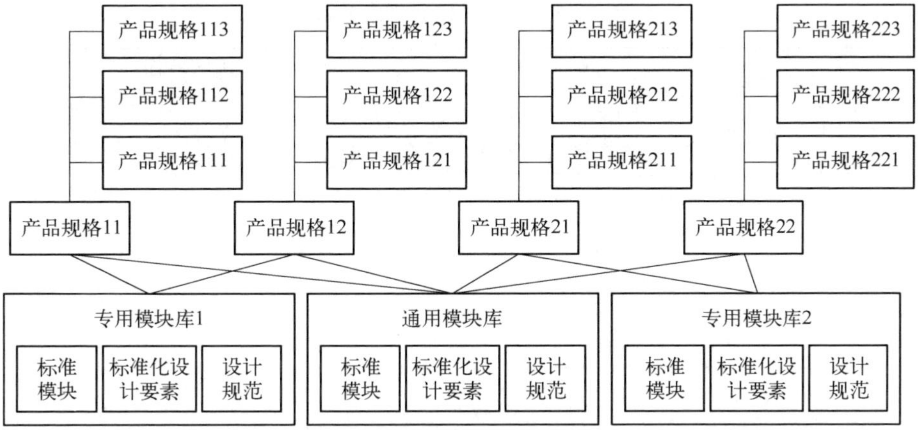

图 3－5　通用模块库示意图

种降为 4 种，I/O 设备只支持工业标准和 SCSI 两类，硬盘种类由 23 种降为 6 种，键盘由 8 种降为 3 种，软驱由 7 种降为 3 种，鼠标由 4 种减为 1 种。

2. 模块设计规范

模块设计规范是模块库的重要组成之一。由于宇航产品开发风险高，所以宇航产品特别注重对于以往成功经验的继承。模块设计规范是在以往设计经验总结提炼的基础上，通过可兼容设计、可扩展设计和可更换设计三种方法确定的、满足一定范围用户需求的模块标准设计结果，用于指导后续模块的设计。模块设计规范的确定可以分为两步：需求分析和总结提炼。

1）需求分析

首先，按产品系列开展需求收集分析，包含现有型号任务和潜在型号任务，明确不同型号任务对于每个模块的需求差异，作为模块设计规范确定的依据。

以双组元推力器产品控制阀模块和热控模块为例。双组元推力器在多种型号任务上应用，由于任务背景不同，型号任务对双组元推力器产品的需求存在差异。

表 3－5 为不同型号任务对双组元推力器控制阀模块和热控模块的需求差异示意表。

2）总结提炼

总结提炼就是总结提炼以往的设计经验，通过可兼容设计、可扩展设计和可更换设计三种方法给出每个模块满足差异化需求的专家建议。

表 3-5 各型号差异需求分析表

型号	控制阀模块					热控模块	
	驱动电路	密封类型	磁力结构	…	驱动电压	加热器件	测温电阻
型号 1	…	…	…	…	…	…	…
型号 2	…	…	…	…	…	…	…
型号 3	…	…	…	…	…	…	…
型号 4	…	…	…	…	…	…	…

可兼容设计即包络化设计,以同一种状态的设计形式满足不同任务需求。可兼容设计可以使产品满足一定范围内的需求变化而无需进行任何更改,但是包络化的设计必然会带来成本的增加,对于硬件产品也会带来空间的增加,所以对于成本约束或者空间约束不高的产品,可以采用可兼容设计。

可扩展设计是采用基本功能加可扩展功能的设计形式,基本功能设计保持不变,通过可扩展功能的变化满足用户需求的变化。对于硬件产品,在不改变产品基本功能设计的前提下,通过增加接口数量或者接口类型来实现扩展的设计目标。但是,可扩展设计需要预留出足够的空间,降低了产品空间的有效利用率。对于空间约束高的产品,不适合采取此种方法。

可更换设计就是通过模块的直接更换来满足不同任务需求。可更换设计的前提是采用标准化接口,无论模块内部如何变化,其他模块和接口保持不变,即可对模块进行更换。

同样以双组元推力器产品控制阀模块和热控模块为例。

(1) 控制阀模块设计。根据型号任务需求统筹分析,采用可兼容设计和可更换设计两种设计方式。

(a) 可兼容设计:针对不同型号任务需求开展包络设计。采用驱动电路形式和电压可用范围最大化,来适应各个型号任务对控制阀驱动的个性化要求。

(b) 可更换设计:通过更改磁路结构或阀口组件来满足不同型号任务对控制阀响应速度和通流能力的需求。

(2) 热控模块设计。根据型号任务需求统筹分析,采用可兼容设计和可更换设计两种设计方式。

(a) 可兼容设计:针对不同需求开展包络化设计,尽可能统一热控装置电、热和机械接口,实现驱动电压范围最大化,以及测温电阻包络范围最大化,适应各个型号任务对热控模块的个性化要求,力求减少推力器热控模块设计状态。

(b) 可更换设计:通过更换加热器件与测温电阻以满足不同型号任务的需求。

三种方法中,只有可兼容设计没有改变产品的状态,不需要开展任何验证测试即可直接使用。而可扩展设计和可更换设计都属于状态更改,都需要开展相应的状态更改及验证以保证设计的可靠性。

三种方法没有优劣之分,只有适合与不适合之分。根据产品的约束条件,例如成本、空间,可以采用一种方法或者几种方法联合使用。但是,一般情况下,不建议采用三种方法联合使用,否则会极大地增加产品的设计成本。通常建议采用两种方法联合使用,如可兼容设计+可更换设计,一定范围内的需求变化通过可兼容设计即可满足,超出范围的需求则通过更换模块来满足。

模块的设计规范应由产品团队共同编制,并作为企业的组织级资产邀请行业专家审查把关,发布后需实施版本管理,作为该系列产品开发人员共同遵守的设计准则。随着设计经验的不断积累和设计理念的不断升级,模块的设计规范也应持续更新和完善,以便更好指导后续产品的设计开发。

3.2.2.2 模块库管理

为了便于在信息化系统中实现对模块的管理,提高模块的管理和使用效率,需要制订模块库管理机制。

1. 模块属性

对标准模块的特征进行梳理,称之为属性。每种标准模块都应定义自身的属性,可以划分为直接影响模块功能、接口的关键属性及反映模块其他特征的一般属性。属性作为标准模块的特征集,是标准模块区分的依据。标准模块属性示意表如表 3-6 所示。

表 3 6 标准模块属性示意表

产品名称	模块名称	标准模块代号	关键属性 1	关键属性 2	…	一般属性 1	一般属性 2	…	应用产品
XX 产品									

（1）产品名称：标准模块所属产品的名称。

（2）关键属性：是指能够用于直接区分标准模块的属性，是代表标准模块核心特性的属性，如关键尺寸、安装接口、通信接口、功率等。此类属性发生改变即代表不同的标准模块。

（3）一般属性：除关键属性以外的其他属性如成熟度、设计寿命等。

（4）应用产品：标准模块所应用的具体产品。

属性的数量根据标准模块的复杂程度、管理成本等因素确定，数量太少无法区分模块，数量太多则会大幅增加模块梳理的工作量和管理成本。

以双组元推力器产品控制阀模块和热控模块为例。

对控制阀模块的属性进行梳理，将衔铁结构、入口接口、出口接口、线圈电阻等特征列为关键属性，将线圈数量、工作温度等特征列为一般属性，如表 3-7 所示。

表 3-7 控制阀标准模块属性表

序号	模块名称	标准模块代号	关键属性1 衔铁结构	关键属性2 入口接口	关键属性3 出口接口	…	一般属性1 线圈数量	一般属性2 工作温度	…	应用产品
1	控制阀模块	BZX-BTHR-SV-001	…	…	…	…	…	…	…	产品1、产品2
2	控制阀模块	BZX-BTHR-SV-002	…	…	…	…	…	…	…	产品3
3	控制阀模块	BZX-BTHR-SV-003	…	…	…	…	…	…	…	产品5、产品6、产品7
		…	…	…	…	…	…	…	…	…

对热控模块的特征进行梳理，将驱动电压、加热器件和测温电阻 3 个特征列为关键属性，如表 3-8 所示。

2. 入库管理

将标准模块纳入模块库需要经过审查。入库管理流程包含入库申请、入库资料审查、入库评审和系统录入 4 个工作节点，如图 3-6 所示。

表 3-8 控制阀标准模块属性表

序号	模块名称	标准模块代号	关键属性 1 工作电压	关键属性 2 测温范围	关键属性 3 加热器电阻	应用产品
1	热控模块	BZX - BTHR - TC - 001	…	…	…	全系列产品

入库管理流程				
角色	申请人员	模块库管理员	评审委员会	模块库管理员
流程	入库申请 →	入库资料审查 →	入库评审 →	系统录入（含文件）
输入材料	入库申请表	入库资料，包含文件、BOM、配置、特征属性表等	评审打分表	入库资料，包含文件、BOM、配置、特征属性表等
职责描述	申请人员提交申请表给管理员，作为资料审查依据	由管理员对入库资料进行审查，合格后提交评审	由管理员组织评审，由评委进行打分，根据打分结果确定是否纳入模块库	管理员将入库资料放入模块库

图 3-6 入库管理流程图

1）入库申请

由申请人员填写入库申请表，写明申请模块的应用情况、规格、成本、应用和产量情况等内容，同时也作为后续模块的使用说明书。模块库入库申请表的格式参考表 3-9。

表 3-9 模块库入库申请表

编　码	物料编码	模块名称	物料描述
申请部门	XXX	申请人	XXX
版本号	XXX	最后更新时间	XXX
概述	介绍申请模块主要功能，组成情况，与国内外同种产品先进性对比情况		
应用情况	列出申请模块应用在哪些产品、哪些型号、是否经历飞行等		
主要技术指标	列出申请模块主要的关键属性及其具体指标		
接口特性	列出申请模块的对外接口情况		
质量稳定性	列出申请模块的质量情况		

续 表

编 码	物料编码	模块名称	物料描述
年交付量	列出申请模块的年交付量		
供应能力	列出申请模块的加工单位,是否具备稳定的供应能力		
成本	列出申请模块成本估算		
…	…		

2）入库资料审查

入库资料由申请人员准备,包含设计文件、工艺文件、BOM、配置、特征属性表等。由模块库管理员进行资料审查,审查合格后提交评审。

入库资料的范围是根据模块的基线确定的。将宇航产品的基线管理方法延伸至模块管理,进行有益补充和细化,形成同样包含功能基线/研制基线/生产基线的模块基线管理方式。

多样化的宇航产品必然对应多样化的模块,而每一种通用模块的复杂程度不一,订单需求不一,采取全部一致的管理模式是没有意义的,既不具备可操作性,也难以获取最大边际效益。将对产品功能和性能影响较大的或需大量储备的模块,定义为Ⅰ类模块,其他定义为Ⅱ类模块,采取分级管控措施,分别明确不同的控制要求。Ⅰ类模块需建立完整的功能、研制和生产三条基线,形成基线文件配置,如表 3-10 所示。模块的基线文件可以作为模块入库申请资料。

表 3-10 模块基线文件配置

模块基线	文件/要素	说 明
功能基线	技术要求/任务书	规定模块的功能、性能、验收等内容,可单独形成文件,也可包含在产品的技术要求中
研制基线	方案设计	说明模块的需求及功能,可含在产品设计报告中
	模块图样	模块的设计图样
	模块试验文件	包含试验方案和总结,对模块的试验项目进行具体策划和总结,包括试验矩阵、计划流程、技术流程、通过准则、设备清单等内容,可含在产品试验方案和总结中
	…	…

续 表

模块基线	文件/要素	说明
生产基线	模块图样	模块的设计图样
	模块工艺文件	用于描述和规定模块工艺的文件
	模块试验及测试细则	模块试验及测试的操作依据性文件,可单独编写,也可含在产品试验及测试细则中
	模块数据包	模块生产过程各种实际测量数据记录的集合
	模块生产基线报告	模块生产、检验、试验、测试、验收、使用、保障等所需依据及技术状态
	模块使用说明书	模块的使用要求,包含存储的环境要求、检验周期等
	…	…

功能基线是用于描述模块功能特性、接口特性的文件和数据,包含模块的技术要求、任务书等;研制基线是通过功能的分解,指标体系细化、零组件试制和试验验证等工作,细化并确定的模块技术状态要求的文件和数据,包含模块的设计报告、试验文件等;生产基线是描述和规定模块生产测试阶段状态的文件和数据,包含模块的设计图样、工艺文件、测试文件、数据包等,各文件通过三条基线相互关联,形成有机整体。Ⅱ类模块可结合实际适当裁减。模块的基线文件可以作为模块入库申请资料。

3）入库评审

申请评审时,由评审委员会审查申请模块的图样资料、生产条件和性能测试结果等。评审过程重点关注以下方面:

(1) 经过试验验证,证明申请模块达到了任务书规定的技术指标和使用要求;

(2) 申请模块的设计图样及技术文件完整、准确;

(3) 申请模块在不同产品或不同产品系列之间实现复用;

(4) 申请模块在设计、生产、测试、调试、交付过程中实现解耦;

(5) 申请模块的所有组成部分,包含零部件、元器件及原材料等,均有稳定可靠的供货来源;

(6) 申请模块具备稳定的生产条件,模块质量稳定。

针对申请模块,从通用性、产品设计、产品制造、供应链、产品包装、安装和维护等方面确定评审要素，编制打分原则，明确扣分标准。评审过程中，对申请模块进行打分，确定是否可以纳入模块库，表 3－11 为评审打分表。

表 3－11　评审打分表

要素		要素说明	扣分标准	分值	得分
通用性	复用次数	是否被复用以及被复用的次数	□ 是，5 分 □ 否，0 分	5	
设计规格	结构设计	采用标准化设计，包括形状、尺寸等	（1）未采用标准化结构设计，每发现一项扣 2 分； （2）选用禁限用原材料，扣 5 分	20	
	六性设计	已开展六性设计和分析，且结果满足要求，包括可靠性、维修性、保障性、测试性、安全性和环境适应性	（1）未开展六性设计及分析，每发现一项扣 2 分； （2）六性设计及分析结果不满足要求，则终止	10	
	模块数据	数据完整有效，包括受控图纸、合格证等	（1）数据不全扣 2 分； （2）文档不符合模板规范每一项扣 2 分	10	
生产制造	生产加工	（1）具有完整有效的工艺文件； （2）通过实物工艺性审查，无工艺不符合项； …	（1）工艺文件不完整扣 2 分； （2）实物工艺检查问题项未闭环到设计中扣 1 分； （3）使用禁限用工艺，每发现一项扣 1 分； …	15	
	检测	具有完整的检测依据文件（包括图纸、检测细则或设备操作规程）	测试及试验依据文件不齐全每发现 1 例扣 1 分	5	
供应链	供应能力	（1）自制及外购供货能力的判断； （2）关键原材料唯一供方情况； （3）准时交付能力； …	（1）关键原材料/生产制造存在唯一供方扣 2 分； （2）近 1 年内或一个产品交付周期内出现非客观因素导致的交付延迟扣 2 分； …	10	

续 表

要素		要素说明	扣分标准	分值	得分
供应链	供应质量	供应质量稳定性(一次检验合格率,产品上线不良率)	(1) 发生质量问题,未实施技术或管理归零扣5分; (2) 近1年内或一个交付周期内每发生一次质量归零问题扣2分; …	10	
包装、安装和维护	包装	(1) 有包装设计、包装工艺和包装材料等符合相关标准要求; (2) 包装要考虑产品转运和储存中的力学、跌落、多余物、湿度、盐雾等要求	包装、转运和储存等相关物品设计、环境不满足相关标准要求的扣5分	5	
	安装	包括产品的可安装性	安装设计不满足相关标准要求的扣5分	5	
	维护	可维护性包括能观性、能控性、隔离性设计	维护设计不满足相关标准要求的扣5分	5	
合计				100	

4)系统录入

在信息化系统中建立模块库,构建模块的数字化模型,同时将入库资料录入系统,便于产品开发人员进行模块的查询与选用。同时,要确定模块资料更新机制,如果模块的信息发生变化,应在系统内及时更新。

3.3 模块选用与设计

模块选用与设计是通过模块的组合而得到不同新产品的过程。在具体的产品开发过程中,根据用户的需求,在满足相互约束关系的条件下从模块库中进行模块的选择和组合,以相对最优的组合来形成满足用户需求的产品,模块选用与设计的过程即产品实现过程。通过模块的选用,可以明显缩短产品的设计和制造周期,提高资源复用率,并易于产品在生命周期内升级和管理。

用户需求是模块选用与设计的出发点。但是,模块选用与设计需要对用户需求进行分类,对不同类需求的响应程度要有一定的差异性。简单来说,可以将用户需求分为约束性需求和选择性需求。约束性需求是由产品的使用要求、工作环境等因素决定的必须满足的用户需求,选择性需求是由用户的使用习惯、历史传承等因素决定的需求。模块选用与设计就是在满足用户约束性需求的基础上,有选择地满足用户的选择性需求,从而达到整体最优的结果。

3.3.1 模块选用与设计的基本内容

模块选用与设计包含模块划分和模块设计两部分内容。模块划分是在具体产品的实际需求下,对产品的模块进行划分,其相关内容已在 3.2.1 小节中介绍。模块设计是在用户需求分析的前提下,确定产品功能、性能、结构、制造等参数指标,然后根据参数指标从模块库选择合适的模块,如果模块库中已有模块均无法满足用户需求,则参考模块设计规范开展模块定制工作,通过"柔性配置"方式开发满足用户定制需求的产品。

根据对已有标准模块的继承方式,可以将模块设计分为三类:完全继承方式、部分继承方式和全新设计方式。

完全继承方式是从用户需求出发,选择模块库中现有模块进行组合配置,形成满足用户需求的新产品。完全继承方式不需要开展模块设计工作,具有周期短、成本低的特点。

部分继承方式是因为模块库中的现有模块无法满足用户的需求,在模块接口等约束前提下,对模块库中的模块进行适当变型设计,从而满足用户个性化需求。频繁采用部分继承方式会导致产品状态的快速增加,使得产品状态的管理难度急剧增加,同时产品状态更改需要开展相应的测试验证,导致产品开发周期、开发成本增加。所以,应该尽量减少部分继承方式,尤其是相对简单的小范围设计变化,尽量采用完全继承的方式。

全新设计方式往往是因为用户定制化需求而需要设计全新模块。全新模块的设计,常常会导致产品发生较大变化,甚至出现新的产品系列,所以需要开展大量的模块测试验证工作,必然会增加产品开发的风险。所以,在产品规划中应该开展用户需求统筹分析,开展新领域、新产品、新模块的规划,有序开展新模块的开发和储备工作,减少产品选用过程中全新设计方式的选用比例。

完全继承、部分继承和全新设计三种方式的合理组合,就形成了具有宇航特色的柔性配置模块化设计方法。柔性配置模块化设计方法是以通用化为前提,通过选用成熟模块满足用户通用需求,通过适当的模块定制满足用户定制化需求,从而实现高效复用、灵活配置、快速响应的产品设计方法。

柔性配置模块化设计方法的实施需要两个前提:一方面在产品规划时,统筹需求,自上而下逐层规划,提前开发和储备,形成具有一定"量"的模块库;另一方面是在模块选用时,依据需求,自下而上逐层集成,形成满足用户需求的产品,并在开发周期、成本、质量等"质"的方面全面提升。

3.3.2 模块选用与设计流程

模块选用与设计过程就是产品的实现过程,将模块选用与设计要求纳入宇航产品全生命周期管理流程(详细内容见第六章)。依托流程,实现模块选用与设计要求的规范化和标准化实施。

1. 立项策划过程

在产品立项策划过程中,根据产品具体的开发需求,确定哪些模块可以选用模块库中已有的标准模块,哪些模块需要针对标准模块进行变型设计,哪些模块需要进行全新设计。针对需要进行变型设计和全新设计的模块,遵循模块设计规范给出的专家建议,选择确定可以满足用户需求的设计方案。填写模块化设计落实检查表,如表 3-12 所示,作为产品立项策划评审的重点审查内容。

表 3-12 产品模块化设计检查表

序号	模块名称	需求分析	设计方式		设计规范	实际设计结果
	XX 模块	产品需求	□ 完全继承		/	XX 标准模块
			□ 部分继承	□ 可兼容设计	设计规范中的设计方案	产品实际设计结果
				□ 可更换设计	设计规范中的设计方案	产品实际设计结果
				□ 可兼容设计	设计规范中的设计方案	产品实际设计结果

续 表

<table>
<tr><th>序号</th><th>模块名称</th><th>需求分析</th><th colspan="2">设计方式</th><th>设计规范</th><th>实际设计结果</th></tr>
<tr><td rowspan="3"></td><td rowspan="3">XX模块</td><td rowspan="3">产品需求</td><td rowspan="3">□ 全新设计</td><td>□ 可兼容设计</td><td>设计规范中的设计方案</td><td>产品实际设计结果</td></tr>
<tr><td>□ 可更换设计</td><td>设计规范中的设计方案</td><td>产品实际设计结果</td></tr>
<tr><td>□ 可兼容设计</td><td>设计规范中的设计方案</td><td>产品实际设计结果</td></tr>
</table>

表 3-13 为双组元推力器产品控制阀模块和热控模块设计检查表示例。在控制阀模块设计中，针对型号任务对于控制阀驱动电路的需求，采用已有的标准模块即可满足型号任务需求。在热控模块设计中，针对型号任务对于加热功率的需求，从设计规范推荐的可兼容设计和可更换设计两种方案中选择了可更换设计，以满足型号任务需求。

表 3-13 双组元推力器产品模块化设计检查表示例

<table>
<tr><th>序号</th><th>模块</th><th>需求情况</th><th colspan="2">设计方式</th><th>设计规范</th><th>设计结果</th></tr>
<tr><td>1</td><td>控制阀模块</td><td>型号对控制阀驱动电路接口要求</td><td colspan="2">■ 完全继承</td><td>/</td><td>采用 XX 标准模块</td></tr>
<tr><td rowspan="2">2</td><td rowspan="2">热控模块</td><td rowspan="2">根据加热功率需求，选用加热器件</td><td rowspan="2">■ 部分继承</td><td>□ 可兼容设计</td><td>采用包络设计以适应不同型号需求</td><td>/</td></tr>
<tr><td>■ 可更换设计</td><td>采用标准化接口，通过更换加热器件以满足不同型号需求</td><td>采用××规格的加热器件</td></tr>
</table>

2. 产品设计过程

产品设计过程中，重点针对需要进行变型设计和全新设计的模块，以标准化设计要素为原则进行模块设计审核，明确符合哪些设计要素要求，不符合哪些设计要素要求，并说明缘由。填写模块选用检查表，如表3－14所示，作为设计评审的重点审查内容。同时，由于宇航产品设计是“方案设计→概要设计→详细设计”多次迭代的过程，模块选用与设计也随着产品设计过程的迭代而不断迭代，直至最终设计状态确定。

表 3－14　标准模块选用检查表

<table>
<tr><th rowspan="2">序号</th><th rowspan="2">模块名称</th><th rowspan="2">需求分析</th><th rowspan="2">设计方式</th><th colspan="4">设 计 结 果</th></tr>
<tr><th colspan="2">编　　号</th><th colspan="2">设 计 说 明</th></tr>
<tr><td rowspan="11"></td><td rowspan="11">XX
模块</td><td rowspan="11">产品
具体
需求</td><td rowspan="3">□ 完全继承</td><td>□ BZX-XX-XX-01</td><td>通用模块：
□ 是　□ 不是</td><td colspan="2">标准模块说明</td></tr>
<tr><td>□ BZX-XX-XX-02</td><td>通用模块：
□ 是　□ 不是</td><td colspan="2">标准模块说明</td></tr>
<tr><td>…</td><td>…</td><td colspan="2">…</td></tr>
<tr><td rowspan="4">□ 部分继承</td><td colspan="2" rowspan="3">BYS-XX-XX-01</td><td rowspan="3">标准化设计要素内容</td><td>□ 满足</td></tr>
<tr><td>□ 不满足
理由：</td></tr>
<tr><td>□ 不涉及</td></tr>
<tr><td colspan="2">…</td><td>…</td><td>…</td></tr>
<tr><td rowspan="4">□ 全新设计</td><td colspan="2" rowspan="3">BYS-XX-XX-01</td><td rowspan="3">标准化设计要素内容</td><td>□ 满足</td></tr>
<tr><td>□ 不满足
理由：</td></tr>
<tr><td>□ 不涉及</td></tr>
<tr><td colspan="2">…</td><td>…</td><td>…</td></tr>
</table>

表 3－15 为双组元推力器控制阀模块和热控模块选用检查表示例。在控制阀模块设计中，编号为 BZX－BTHR－SV－001 的标准模块即可满足型号用户需求，且该模块为通用模块；在热控模块设计中，未选用标准模块，而是进行定制化设计。在定制化设计中，编号为 BYS－BTHR－TC－01 和 BYS－BTHR－TC－03 的标准化设计要素均可以满足，而 BYS－BTHR－TC－02

的标准化设计要素未满足，原因为根据型号任务需求选用了其他规格的铠装电加热器器件。

表 3－15 双组元推力器产品标准模块选用检查表示例

序号	模块名称	需求分析	设计方式	设计结果		
				编号		设计说明
1	控制阀模块	产品需求	■ 完全继承	■ BZX-BTHR-SV-01	通用模块：■ 是 □ 不是	模块说明
2	热控模块	产品需求	■ 部分继承	BYS－BTHR－TC-01	对驱动电压进行了规范	■ 满足 □ 不满足 理由： □ 不涉及
				BYS－BTHR－TC-02	对加热器件的类型和规格进行了规范	□ 满足 ■ 不满足：根据型号需求选用其他规格的加热器件 □ 不涉及
				BYS－BTHR－TC-03	对测温电阻的类型和规格进行了规范	■ 满足 □ 不满足 理由： □ 不涉及

3.4 小结

宇航产品集成开发模式继承了“三化”工作和产品工程的成功经验，充分践行“集成开发”思路，在模块化设计方面重点深化，形成宇航产品的模块化设计方法，最大限度实现模块复用，快速响应宇航型号任务需求。

第四章　支撑技术开发管理

产品开发中如果使用有风险的新技术，一般需要先进行技术开发。技术开发是创新性活动，具有一定的不确定性，存在一定风险。技术开发不仅要重视结果，同样要重视过程，技术开发过程本身就是一种积累，哪怕是失败，也可以为后续工作指明方向，防止再次犯错。技术开发人员对技术的先进性、可用性负责，产品开发人员对产品的市场和财务成功负责，产品的成功不一定是技术的成功，它可能是市场的成功，可能是策略的成功，甚至可能是包装的成功，所以产品开发和技术开发是不同的。

技术管理的起源可追溯到20世纪50年代，到了80年代，创新管理、技术规划和战略管理理念相继进入人们的视野，技术管理的范围也在不断扩大。技术管理从仅关注技术活动的某一阶段向关注技术活动的全过程转变；从仅关注技术开发活动本身向关注技术开发、组织变革、人力资源开发等多项活动集成转变。企业对于技术管理的重视程度越来越高，从常规技术开发管理向战略管理转变，并将二者有机地结合。技术管理的目的就是通过对技术开发的管理，提高技术储备水平，有效支撑产品开发。

根据技术开发对象和目标的不同，可以将技术分为两类：前沿及基础技术和支撑技术。

（1）前沿及基础技术：此类技术聚焦新思想、新概念或新原理，探索新思想、新概念或新原理的可行性，并确定其主要技术参数，为产品开发提供基础知识、科学依据及技术基础。此类技术的开发属于技术预研，强调前瞻性和探索性，一般为长期项目。例如，为了提高太阳能的利用效率，解决地球资源有限且污染的问题，中国和美国都在研究在太空中建造发电厂，通过航天器上的太阳能电池板将太阳能转化成电能，再通过微波光束将电能发回地面，通过无污染途径获取更多的太阳能量。

（2）支撑技术：运用第一类前沿技术的研究成果，进一步通过模块或者产品的设计、仿真、试验和测试，形成具有一定成熟度的研究成果并可直接投入产品应用，解决新技术在产品开发中的工程转化问题。例如，宇航机电产品高速转动部件的润滑技术就属于支撑技术范畴。支撑技术是前沿及基础技术通向产品工程应用的桥梁，解决前沿及基础技术和产品工程应用之间高效衔接问题。

宇航企业大多是以某项或某几项技术作为专业基础，开展宇航产品开发和应用研究。宇航企业已经建立了相对科学可行的预研管理体系，保证了技术开发工作的顺利实施，技术进步迅速，取得了优异的成绩。但是，在现有开发体系下，企业将大量精力投入到了前沿及基础技术的研究工作，在支撑技术的方面投入不足，支撑技术开发往往与产品开发同步开展，导致由于个别技术工程应用问题而出现产品质量问题，不得不通过产品的迭代开发来解决技术问题，甚至导致产品在轨应用时出现问题，不仅延长了产品的开发周期，增加了产品开发成本，还增加了产品开发和应用风险。

所以，针对支撑技术，宇航企业需要建立完善的开发机制，提前组织开展支撑技术的开发和储备，提前解决技术的工程应用问题，降低产品开发的风险。

4.1 支撑技术简介

4.1.1 技术分类

企业经常会出现这样的认知误区：① 技术人员越多越好；② 企业自身不能解决的技术就进行外包或委托开发，自身能做的技术就自己进行预研和开发，而不区分技术的重要程度。

这些认知误区容易导致企业对核心技术和关键技术的掌握能力不足，技术人员越来越多，企业的开发成本越来越高，但产品的核心竞争力却越来越弱。什么样的技术必须自主开发，什么样的技术必须享有知识产权，什么样的技术能够外包，这是每一个企业必须明白的问题。

将支撑技术按重要程度进行分类，可以划分为核心技术、重要技术和一般技术，具体如表 4－1 所示。

表 4-1 支撑技术重要程度分类

重要程度	定　　义
核心技术	领先于竞争对手的独有技术
重要技术	在产品开发中占据重要地位、不可缺少的技术
一般技术	核心技术和重要技术以外的技术

很多企业经常对核心技术、重要技术、独有技术这几个概念产生混淆，认为独有技术或重要技术就是核心技术，其实核心技术一般具有以下六个特征。

(1) 独有性：领先于竞争对手且独有。

(2) 竞争性：该技术所产生的特性是产品的主要竞争因素，如性能、成本、周期等。

(3) 可拦截性：一段时间内竞争对手很难追赶或者超越。

(4) 不可替代性：一段时间内没有替代技术。

(5) 可保护性：形成了知识产权或标准。

(6) 价值性：能提升产品的核心竞争能力或者实际效益。

4.1.2 技术成熟度

一项技术从原理研究到关键技术攻关、仿真研制、试验验证再到产品应用，是一个逐步成熟的过程，一般用技术成熟度来度量技术的成熟状态。

技术成熟度是指技术经过研究、开发和验证所达到的成熟程度。技术成熟度通过技术成熟度等级进行度量，技术成熟度等级是一套系统性度量体系，是为了衡量一项技术从发现基本原理、经过技术研究和试验验证达到工程应用的提升进程所进行的划分和度量，用以表明该技术被掌握的程度和工程应用水平。

按照国际上通常的做法，技术成熟度等级分为 9 个等级，随着技术从技术研究向系统应用的转化，技术成熟度等级也从最不成熟的 1 级到最成熟的 9 级逐步提高[17]。针对宇航产品，将技术成熟度等级与研制阶段、在轨应用等宇航产品特有的一些特点进行关联，形成宇航产品技术成熟度等级定义要素，从而将技术成熟度等级定义具体化，可以更便捷地对技术成熟度进行定级和管理，如表 4-2 所示。

表 4－2　技术成熟度等级定义

等级	标 准 定 义	宇航产品技术成熟度具体定义
1 级	基本原理被发现	提出了基本原理并报告
2 级	已确定技术方案或应用	提出了概念和应用设想，初步证明了可行性
3 级	方案的关键功能或特性通过了分析与实验证实	完成了概念和应用设想的可行性研制，已确定技术方案
4 级	部件或功能试验模型在实验室环境下得到确认	该项技术已完成技术开发，或已随某产品/零组件完成了模样的开发和验证，解决了主要的技术难题
5 级	部件或功能试验模型在相关环境下得到确认	该项技术已完成了摸底试验，或已随某产品完成了初样开发阶段的开发和验证
6 级	系统或分系统的模型或样机在相关环境中（地面或空间）得到验证	该项技术已完成专项鉴定，或已随某产品完成了初样鉴定阶段的开发和验证
7 级	系统样机在使用环境中得到验证	首飞型号成功在轨应用，该项支撑技术经验证符合要求
8 级	真实系统已完成，并通过实验与演示的鉴定	多批次产品成功在轨应用，该项支撑技术经验证符合要求
9 级	实际系统通过了多次成功执行任务（地面或空间）的证明	多批次全寿命成功在轨应用，该项支撑技术经验证符合要求

4.1.3　支撑技术树和技术清单

支撑技术树以树形结构对产品所涉及的支撑技术进行展现，包括三个层级。

（1）平台层级：即支撑技术所属的产品平台，作为支撑技术树的最高层级，是支撑技术识别的对象，也是应用的目标。

（2）类别层级：支撑技术树的中间层级，是支撑技术所属的类别，技术类别划分时应考虑粒度大小和数量适中的原则。

（3）技术层级：作为支撑技术树的最底层，也是支撑技术展示的层级，除了列举识别的支撑技术以外，还需要标明技术成熟度等级。

支撑技术树模板如图 4－1 所示。

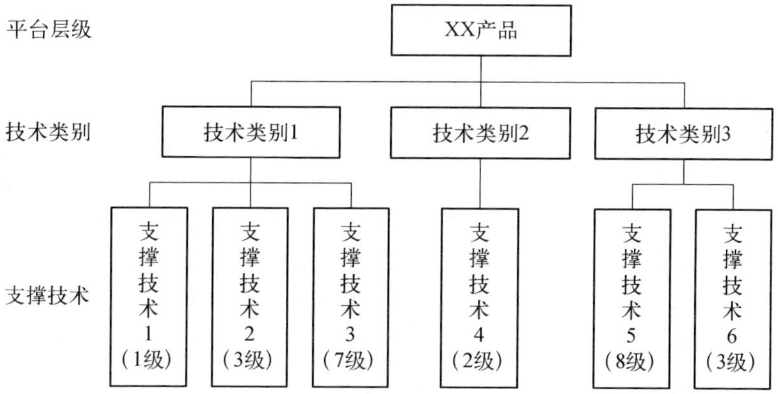

图 4－1 支撑技术树模板

支撑技术树可以非常清晰地展现从产品到技术的层级关系，但支撑技术树中体现的技术细节较少，将支撑技术树扩展为支撑技术清单，可以更详细地展现技术内容。

支撑技术清单是对支撑技术树的细化和补充，从技术名称、技术描述、重要程度、技术成熟度、支撑文档等维度对技术树中的每项技术以结构化的方式进行展示和管理，信息更加全面，结构化的形式也便于支撑技术收集、管理和共享。

（1）产品名称：支撑技术树产品层级中的产品名称。

（2）技术类别：支撑技术树类别层级中的技术类别名称，与技术树保持一致。

（3）技术名称：支撑技术树技术层级中的技术名称，名称要便于表达和理解。名称指向要明确，不可太过笼统，如某项技术取名润滑技术，指向不明，难以理解，如果改为 XX 产品 XX 部件的润滑技术，指向明确，让人容易理解。

（4）技术代号：编制技术代号，作为支撑技术的唯一标识，贯穿于技术开发全过程，确保标识明确和可追溯。技术代号由产品名称代号、技术类别代号和技术特征代号组成，如图 4－2 所示。其中，产品名称代号是支撑技术树产品层级中产品的简称，技术类别代号是支撑技术树类别层级中技术类别的英文或中文缩写，技术特征代号是支撑技术关键特征的英文或中文缩写，技术特征代号要有唯一性且最多选取三个特征，特征代号之间用“/”间隔。

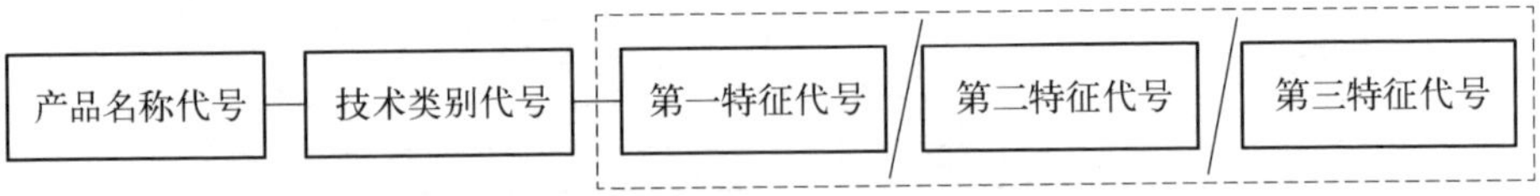

图 4－2　技术代号组成示意图

(5) 技术描述：简要描述该项支撑技术功能、性能特点等，重点要突出与其他技术的区别，使其他技术人员可以快速地了解该项支撑技术。

(6) 重要程度：说明该项支撑技术的重要程度，如核心或者重要。

(7) 技术成熟度：列出技术成熟度等级，展示该项支撑技术的成熟程度，也是其他技术人员判断该项技术是否需要再次验证的重要依据。

(8) 支撑载体：可以为图纸、代码、算法等多种形式，优先选择可以直接用于产品开发的载体形式，便于技术查询、应用、共享。

(9) 适用范围：应用该项支撑技术的所有产品。

(10) 责任人：明确责任主体，既是技术开发的负责人，也是技术管理的责任人，保证该项技术能够得到足够的关注与重视。

(11) 责任部门：该项技术管理的责任部门。

支撑技术清单模板如表 4－3 所示：

表 4－3　支撑技术清单模板

序号	产品名称	技术类别	技术名称	技术代号	技术描述	重要程度	成熟度等级	…	支撑载体	适用范围	责任人	责任部门
	产品名称	技术类别	支撑技术名称	技术代号	简要描述，突出区别	核心/重要	XX 级	…	图纸、代码等	适用的产品范围	XX	责任部门

4.2　支撑技术规划

支撑技术的最终目标是为产品服务，支撑技术的开发是将前沿与基础技术的研究成果转化为成熟技术或者工艺投入产品应用的活动，是解决技术的工程应用问题。支撑技术开发既具有一般技术开发的共性特点，又受到宇航产品开发的约束，具有前瞻性、工艺性、独立性和可靠性的特点。

（1）前瞻性：立足于现有产品开发中的工程问题，放眼于未来，提前规划未来一段时间内产品的需求，未雨而绸缪，强调超前意识，提前开展规划与开发，提前储备。

（2）工艺性：是指设计的可制造性，即制造工艺的可实现性，解决技术在产品上的应用问题。

（3）独立性：与产品的其他技术解耦，可以独立开展研究与验证。

（4）可靠性：宇航产品自主运行、一次使用、价格高昂等特性，对于产品可靠性的要求极高，对于技术可靠性的要求也必然极高。

支撑技术要根据市场和行业技术的发展，结合企业发展战略和产品战略，提前识别产品开发所需的支撑技术，并有针对性地制定开发规划。

4.2.1 技术战略

支撑技术规划以产品应用为最终目标，首先要符合企业的产品战略，同时还要符合企业的技术战略。技术战略是企业在技术创新领域的行动总路线，是企业希望在技术领域上占据怎样的地位，如何通过技术创新和通过什么类型的技术创新来实现这一地位。

不同技术战略，企业的投入和可能承担的风险是不一样的。企业需要根据自身技术水平、技术资源等因素，选择适当的技术战略。在企业创建初期，不管是技术实力还是经济实力都相对较弱，通常情况下企业都会选择模仿战略，即采用成熟技术模仿市场上已经出现的产品，此种模式技术难度低、投入小、风险小、效益快。随着企业的发展，企业的经济实力与技术实力不断提升，在技术创新方面不断加大投入，部分技术已经突破甚至达到了领先地位，在细分市场上获得了成功。而当企业的整体实力积累到一定程度后，在技术创新上投入大量人力、物力和财力，实现了技术的全面领先，以大投入换取了高额回报。一个行业中往往只有最优秀的几个企业才处于此阶段。

4.2.2 需求分析

支撑技术规划的第一步是需求分析，需求分析主要从以下三方面开展。

（1）市场需求分析。市场需求分析是通过对市场环境的全面分析从而确定可能牵引出的技术开发需求，市场环境包括政治、经济、社会、用户等。通过政策分析、市场调研、用户交流等方式获得市场信息并开展分析，详细的分析方法已在第二章中介绍，此处不再详细阐述。

(2) 产品需求分析。产品需求分析包括型号任务需求分析、竞品分析以及问题分析三部分内容。

(a) 型号任务需求分析。统计梳理当前及未来可预见的一段时间内正在论证或即将论证的型号任务特点,预测产品的应用需求和主要技术参数差异,分析可能牵引出的技术开发需求。

(b) 竞品分析。分析市场中已有或者潜在竞品的功能、性能、结构、价格等特性,着重解决了用户哪些需求,用户反馈如何,与企业已有的产品进行比较,进而提出技术开发需求。

(c) 问题分析。针对产品设计、生产过程中发生的问题,深入分析确认可能存在的技术问题,根据重要程度和紧急程度对技术问题进行排序,提出技术开发需求。

(3) 技术发展牵引。技术发展牵引就是结合技术发展趋势,包括业界最新的基础研究、最新颁布的标准、技术应用趋势等,规划未来技术发展方向,提炼形成技术开发需求。

4.2.3 技术识别

一般情况下,以产品系列为对象识别产品所应用的支撑技术,并通过支撑技术树和技术清单方式进行展现和管理。在应用过程中,为了避免支撑技术树和技术清单过于庞大,支撑技术树和技术清单应聚焦于核心和重要的支撑技术,不包含一般技术。此外,在技术识别过程中,不仅要梳理产品已经采用的技术,同时还需关注未来可能采用的技术。

以控制力矩陀螺为例。控制力矩陀螺是大型航天器平台及快速机动航天器平台核心控制产品。控制力矩陀螺集合了机械、电子、摩擦润滑、电磁、伺服驱动、传感测量、控制理论、软件工程等多学科专业技术,大惯量、高转速、大力矩、高精度、长寿命的特点决定了其在金属材料、润滑材料、精密机加、精密装配、精密标定等基础材料、工艺和设备等方面具有极高的要求。

对控制力矩陀螺产品的核心和重要支撑技术进行梳理,绘制支撑技术树,如图 4-3 所示。

控制力矩陀螺产品支撑技术树共有三个层级:第一层级为产品层级,即控制力矩陀螺产品;第二层为类别层级,包含结构与密封技术、空间轴承与润滑技术、驱动控制技术等技术类别;第三个为技术层级,每一个技术类别都会细分为具体的支撑技术,如结构与密封技术类别细分为力热耦合仿真

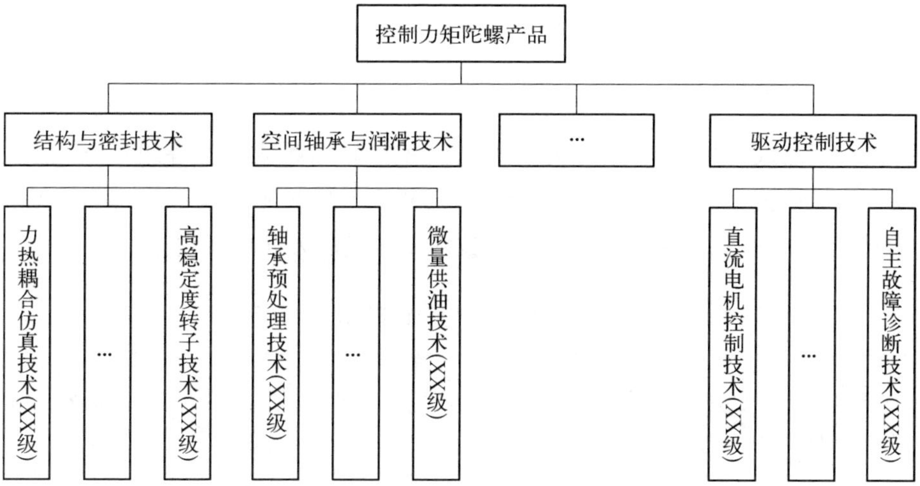

图 4-3 控制力矩陀螺支撑技术树(部分)

技术、高稳定度转子技术等技术。

依据支撑技术树,编制控制力矩陀螺产品的技术清单,如表 4-4 所示。

表 4-4 控制力矩陀螺产品支撑技术清单(部分)

序号	产品名称	技术类别	技术名称	技术代号	技术描述	重要程度	技术成熟度	…	支撑文档	适用范围	责任部门
1	控制力矩陀螺产品	结构与密封	力热耦合仿真技术	CMG-MS-CTFS	…	重要	XX 级	…	设计报告	全系列产品	责任部门
2	控制力矩陀螺产品	空间轴承/润滑技术	微量供油技术	CMG-SBL-AMOS	…	重要	XX 级	…	图纸、存档编号	全系列产品	责任部门
3	…	…	…	…	…	…	…	…	…	…	…

表 4-4 中列出了控制力矩陀螺产品的支撑技术清单的部分内容。支撑技术清单与技术树一一对应,展示产品名称、技术名称、技术类别、技术代号、技术描述、重要程度、技术成熟度等级、支撑文档、使用范围、责任人等相关信息,如力热耦合仿真技术,此技术属于结构与密封类别,技术代号为

CMG－MS－CTFS，为重要技术。

4.2.4 规划制订

根据需求分析和技术梳理的结果，优先针对那些成熟度等级低、应用范围广的支撑技术制订支撑技术发展规划，初步明确技术开发的目标、途径和计划。表4－5为控制力矩陀螺支撑技术重点发展方向及规划。

表4－5 控制力矩陀螺产品支撑技术规划（示例）

序号	支撑技术名称	技术代号	目前成熟度等级	技术指标目标	目标成熟度等级	解决途径	适用产品	启动时间	完成时间	…
1	微量供油技术	CMG-SBL-AMOS	XX级	…	XX级	预研课题	全系列产品	2021年	2024年	…
2	自主故障诊断与容错技术	CMG-DC-SED	XX级	…	XX级	可靠性课题	全系列产品	2020年	2023年	…
3	…	…	…	…	…	…	…	…	…	…

4.3 支撑技术开发

根据支撑技术规划优先选择重要程度高、成熟度等级低、应用范围广的支撑技术进行开发。支撑技术开发要始终围绕产品需求，应关注技术的工程实现性和可靠性，产品开发人员要参与到技术开发的立项和总结过程中，确保技术开发满足产品需求。

综合企业各种资源，通过多种途径灵活组织开展支撑技术开发。由于技术开发具有一定风险性，其开发管理与产品开发管理有所不同，这二者的开发流程是不一样的。很多企业将产品开发流程和技术开发流程混在一起，导致产品开发时伴随着技术开发，尤其是核心技术，会严重影响产品开发的质量和进度。针对支撑技术开发制定单独的开发流程，独立开展技术的开发工作，为产品开发提供技术积累。

支撑技术开发流程分为三部分：流程节点、工作内容和成果形式。流程节点是借鉴以往的开发经验，厘定了技术开发全过程，将有益的经验固化为工作节点，用不同的图形区别工作类别，方框工作节点是开发工作项目，圆形工作节点是质量管控项目；工作内容是明确所有角色在每一个流程节点中具体负责的工作内容，通常情况下，技术开发工作涉及的角色包括技术专家、技术开发人员、产品开发人员、计划调度人员和质量管理人员等；成果形式为每个工作节点所形成的工作成果，包括报告、评审证明、图纸、算法等。

技术开发流程分为技术开发输入、立项申请、立项评审、实施方案编制、实施方案评审、技术开发、技术开发总结、技术开发总结评审和技术平台更新，如图 4－4 所示。

（1）技术开发输入：支撑技术规划完成后，优先选择重要程度高、成熟度等级低、应用范围广的支撑技术，由产品开发人员编制开发任务书，提出明确的开发需求，下发给技术开发人员。技术开发人员按照任务书要求，开展技术开发。通过该方式，可以打通技术开发与产品开发之间的通路，保证技术开发始终以产品应用为目标。

（2）立项申请：技术开发人员编制立项申请报告，开展可行性论证、对比分析、继承性分析等工作，明确开发必要性，制定初步开发计划和开发预算，明确资源需求和里程碑节点。技术开发人员需要关注技术开发的可测试、可验证等工程实现性。在此项过程中，计划调度人员需要协同技术开发人员制定开发计划和开发预算，保证开发计划和开发预算合理可行。

（3）立项评审：由质量管理人员组织对立项申请报告进行审查，审查项目的必要性和合理性。技术专家和产品开发人员需参加审查，重点关注开发技术的工程应用前景。审查完成后，由技术开发人员负责落实审查意见，由质量管理人员负责跟踪审查待办事项的完成情况，确保待办事项得到有效开展。

（4）实施方案编制：立项审查通过后，由技术开发人员负责编制实施方案，制定详细的技术开发方案，细化实现途径、技术路线、试验手段、关键技术等内容。计划调度人员应协助技术开发人员制定更加详细的开发计划，便于后续管理。必要时，实施方案和立项申请可合并开展。

（5）实施方案评审：由质量管理人员组织对实施方案进行审查。技术专家和产品开发人员需参加审查，重点关注实施方案的合理性和完整性，提前发现技术开发风险。审查完成后，由技术开发人员负责落实审查意见，由质量管理人员负责跟踪审查待办事项的完成情况，确保待办事项得到有效开展。

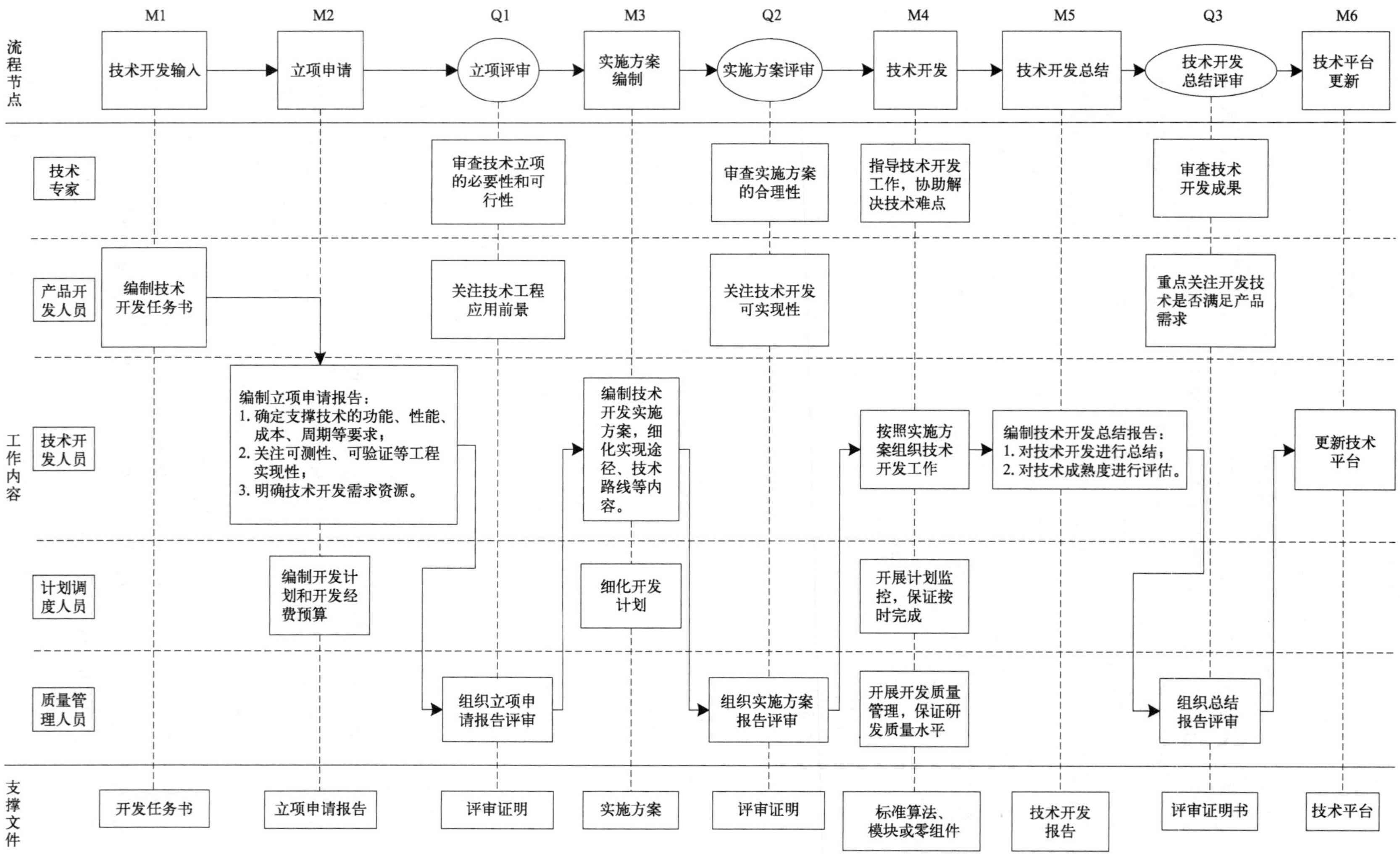

图 4-4　支撑技术开发流程图

（6）技术开发：技术开发人员按照实施方案开展技术开发工作，由计划调度人员负责计划管理，由质量管理人员负责质量管理，共同保证开发工作按时和高质量完成。技术开发成果应形成图纸、模型、工艺、算法等成果，便于成果复用和追溯。

（7）技术开发总结：由技术开发人员负责编制技术开发总结报告，对整个开发过程进行总结，确认满足任务要求，同时对开发后的技术成果开展技术成熟度评估，便于产品开发使用时评估技术成熟程度。

（8）技术开发总结评审：由质量管理人员组织对技术开发总结报告进行审查，评价技术指标实现情况。技术专家、产品开发人员需参加总结审查，重点关注技术开发成果的工程应用性，是否满足产品开发需求。审查完成后，由技术开发人员负责落实审查意见，由质量管理人员负责跟踪审查待办事项的完成情况，确保待办事项得到有效开展。

（9）技术平台更新：技术开发完成后，由技术开发人员负责更新技术平台，更新技术树和技术清单中的相关信息，便于后续产品开发过程中进行查询、选用。技术平台是将所有的技术按照一定的层级结构统一管理和展现，实现研究成果共享。

4.4 支撑技术选用

支撑技术开发的最终目标是要在产品上得到应用，所以应在产品开发过程中建立支撑技术选用机制，打通技术开发和产品开发之间的链路，真正实现产品开发牵引技术开发、技术开发支持产品开发的目标。

（1）产品立项阶段的技术选用。在产品立项阶段，开展支撑技术选用，依据支撑技术树，确定产品选用哪些支撑技术，并且根据选用技术的成熟度水平，开展必要性和风险分析。将成熟度等级低、风险高的支撑技术列为产品开发风险，需要制订风险控制措施。

（2）产品开发阶段的技术开发。在产品开发阶段，重点针对成熟度等级低的支撑技术进行开发验证，保证产品可以按时交付；针对成熟度等级高的支撑技术，可根据具体情况适当减少技术的验证工作，重点关注各项技术之间的兼容性和协调性。

（3）产品开发完成后的技术总结。产品开发完成后，结合产品总结工作对支撑技术的开发进行总结，重点关注产品开发初期成熟度等级较低的支撑技术的成熟度提升评估与确认。

（4）技术平台更新。在技术总结后，应对技术平台中支撑技术的信息进行更新，确保相关信息的准确性和及时性，便于后续产品选用。

4.5 支撑技术岗位

宇航企业的开发岗位大多围绕产品设立，提高了产品开发人员的积极性，促进了宇航产品的顺利研制。但是，恰恰是因为岗位都是围绕产品而设立，没有针对支撑技术设置岗位，导致技术人员更愿意从事产品开发工作，而不愿意从事具体的支撑技术开发。因此，企业应设立支撑技术岗位，鼓励员工专心从事支撑技术开发工作。

（1）岗位设置。技术开发岗位的设置可以参照产品开发岗位设置，构建包含多层级的技术开发岗位体系，为技术开发人员提供岗位发展通道，以便于技术开发人员的有序成长。通常可以设置副主管级研究师、主管级研究师、主任级研究师、高级主任研究师、资深主任研究师和首席研究师，具体岗位设置可参见图 4－5。

（2）岗位职责。技术开发人员需要根据技术发展需求，制定支撑技术发展规划，开展支撑技术研究，解决核心关键支撑技术问题。通过技术创新，为产品研制提供技术支撑。开展技术交流，培养支撑技术人才，推进支撑技术水平不断发展。岗位职责与岗位级别关联，岗位级别不同，岗位职责自然不同。例如，首席研究师的主要职责是关注技术发展趋势，结合企业战略，制定切实可行的技术发展规划。而主管级研究师的主要职责则是开展具体的技术开发工作。

（3）岗位任职资格条件。支撑技术岗位级别不同，任职资格随之不同。任职资格通常包含学历、工作年限、职称、工作经历、工作业绩等。

例如，作为最低级别的副主管级任职资格要求较低，如果是博士毕业，参加工作后即可聘任；如果是硕士毕业，需任助理满 1 年且助理任职期间年度考核皆为称职以上即可聘任；如果是大学本科及以下毕业，需任助理满 2 年且助理任职期间年度考核皆为称职以上也可聘任。级别越高，任职资格自然越来越高，如表 4－6 所示。

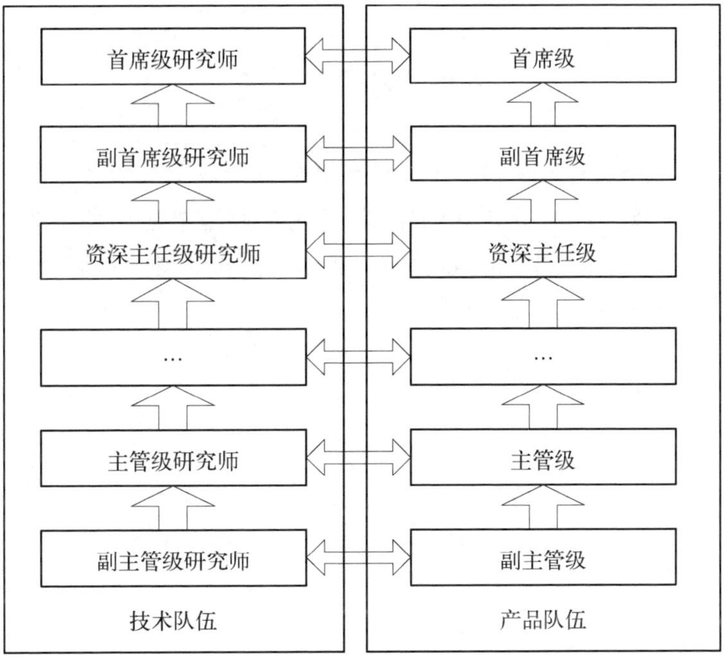

图 4-5 支撑技术岗位设置示意图

表 4-6 支撑技术岗位聘任要求示例

序号	岗位	聘任要求				
		学历	工作年限	上一岗位	职称	工作业绩
1	副主管级研究师	博士	/	/	/	/
		硕士	1 年	助理	/	年度考核皆为称职以上
		本科	2 年	助理	/	年度考核皆为称职以上
2	首席研究师	/	担任副首席研究师 XX 年以上	副首席研究师	工高级专业技术职务	在本专业领域有较高的知名度,取得省部级及以上技术专家荣誉称号,或者获得省部级及以上发明奖、科技进步奖等技术奖励

通过对于技术开发人员任职资格的考核,提高开发人员从事支撑技术开发工作的自觉性,确保企业技术开发工作能够持续推进。

4.6 小　　结

支撑技术开发管理是解决技术和产品混线开发而导致各种问题的重要途径。为了确实发挥支撑技术的作用,宇航企业需要建立完善的支撑技术管理机制,通过支撑技术的规划、开发、选用与岗位管理,提前组织开展支撑技术的开发和储备,为产品选用提供支持,降低产品开发的技术风险。

第五章　产品团队管理

随着企业的发展壮大和产品的日益复杂,企业通常会建立起多层级的组织机构来管理产品开发。层级的增加、部门的划分、人员的增多及地域上的分散都给产品开发协调带来了挑战。如何降低产品开发过程中协调沟通的复杂度,提高沟通效率,成为现代企业产品团队管理必须要解决的问题。

宇航企业大多按照专业类别组建了产品部门,开展专业化的产品开发,逐步形成了职能型组织模式,在一定时期内确实对宇航产品的开发起到了非常大的促进作用,一大批新领域产品涌现出来,产品性能、产能都有了大幅提升,有力支撑了型号任务的完成。

但是,随着产品的复杂程度日益增加,跨部门、多专业协同成为必然。例如,要开发一款星敏感器产品,需要由光学产品部门开展整机结构和光学系统的设计开发,由电子产品部门开展配套电子线路的设计开发,由软件研制部门开展相关软件的设计开发,另外需要物资部门、计划管理部门、质量管理部门、生产制造部门、检验部门等参与。

在面对跨部门协同开发时,职能型组织形式的不足逐渐体现出来。一方面,虽然有名义上的团队负责人,但团队负责人更多的是通过个人权威开展团队管理工作。同时,团队成员习惯于接受所在职能部门的领导和管理,直接从部门领导领取工作,对本部门业务范畴内的工作负责,对跨部门的工作事项关注度不足,跨部门协调配合存在困难。例如,元器件到货延迟,设计人员说是因为元器件采购太慢了,物资人员说是设计人员采购申请提交不及时。

所以,在产品开发之初,就需要把产品开发所涉及的所有人员组织起来,保证用户需求、产品开发的约束条件和总体设计思想为所有人员所共享和熟知,同时通过高效的信息交互和沟通机制,实现产品设计、生产等全过程的并行协同,最大化地规避产品开发过程中各种约束和风险因素的影响。

5.1 产品团队简介

5.1.1 产品团队组织形式

5.1.1.1 项目型

项目型是指企业以项目的方式开展产品开发活动。当有产品开发需求时,企业首先任命一名项目经理,在项目经理的带领下将相关人员组织起来形成项目团队,同时划拨必要的资源给项目经理。作为项目的领导者,项目经理具有项目成员的管理权和考核权,由项目经理决定项目成员的调入与参与时间。项目型组织形式见图 5-1。

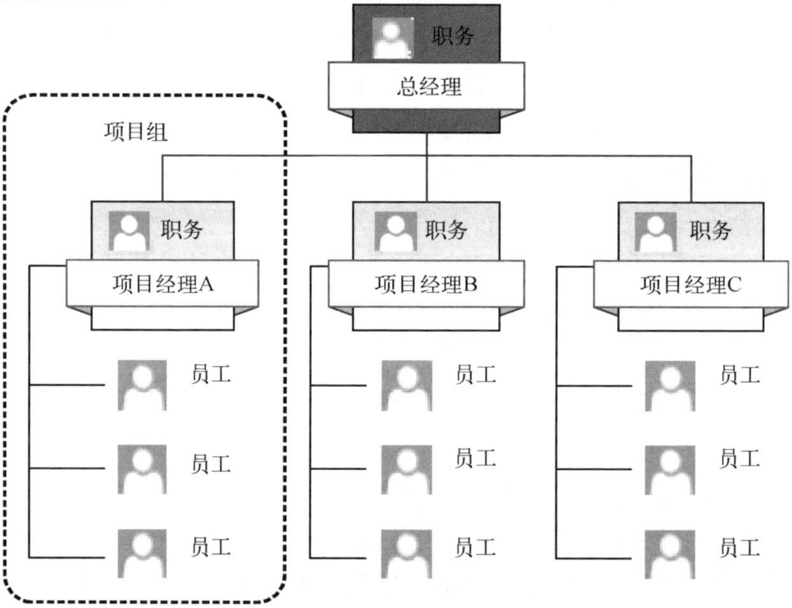

图 5-1 项目型组织形式

项目型组织形式的优点:首先,项目经理具有项目的管理决策权力,提高了项目经理的话语权;其次,项目运行期间,项目成员完全投入项目工作,归属感强,团队内部沟通效率高;最后,项目型组织灵活,在需要的时候可以快速地组建团队应对外界机遇。但是,由于项目的临时性,项目型组织难以做到不同项目之间技术的积累与共享，同时，多个项目同时开展对于企业人力、物力等资源的需求也会大大增加。

5.1.1.2　职能型

职能型将从事相似活动的人员组织在一起，形成一个职能部门，如财务部门、开发部门。在职能型组织中，任务的分配不是基于项目，而是根据工作类型或者专业类型分配到职能部门，由职能部门再次分配。人员的工作分配、绩效考核等管理权限几乎都属于职能部门。项目团队形式被弱化，甚至成为了虚拟形式。职能型组织形式见图 5－2。

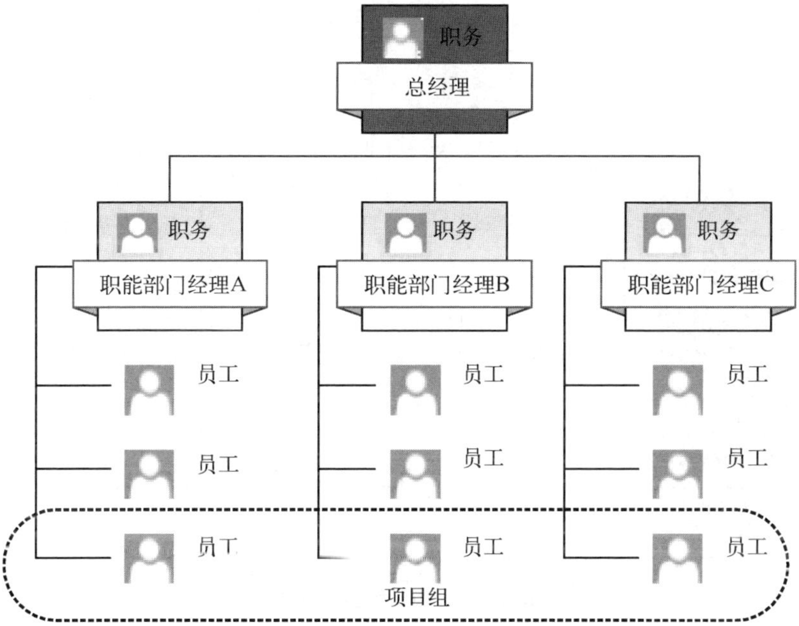

图 5－2　职能型组织形式示意图

由于按职能划分部门，部门的职责容易明确规定。每名员工都归属于一个职能部门，专门从事某一项职能工作。职能部门和人员实行专业化分工，有利于员工熟练掌握本职工作的技能，有利于专业化管理。

但是，高度的专业化分工及稳定性使得职能部门更倾向于从部门维度进行思考和业务推动，更关注本部门在企业内部的重要性，希望提高本部门在组织中的地位，重视维护本部门的利益。因此，跨职能部门的协调变得困难，容易造成企业内部摩擦和内耗。微软公司就是典型的职能型组织结构，内部竞争激烈，比如平板电脑项目，Office 产品拒绝为平板电脑修改 Office 软件，导致平板电脑部分操作极其不便。即使比尔·盖茨亲自负责这个项目，也难以平衡各方面的关系。

5.1.1.3 矩阵型

将职能型和项目型的优点融合，形成了一种新的组织形式——矩阵型（图 5－3）。矩阵型组织形式纵向划分为不同的职能部门，横向上又组建了跨部门集成团队。

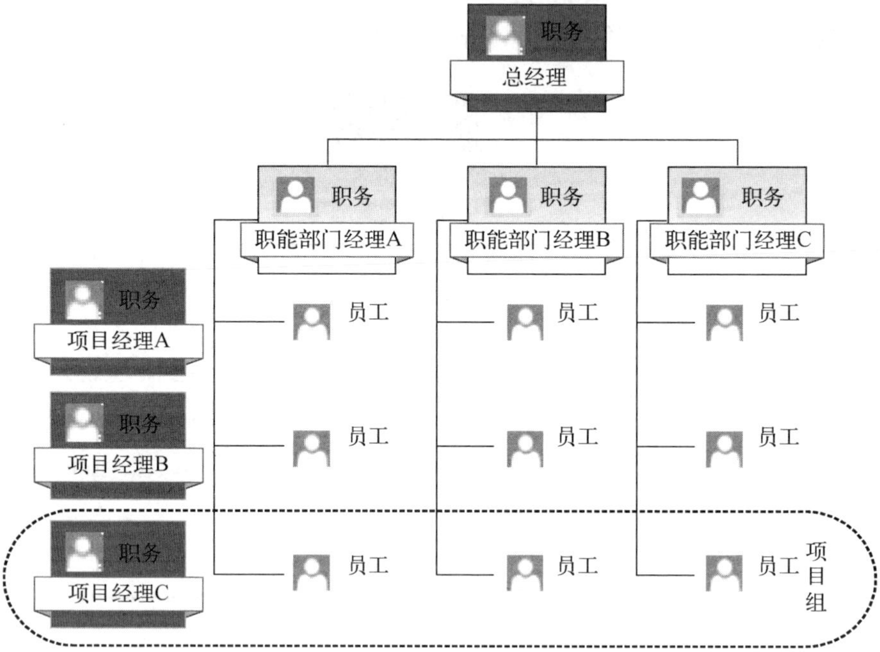

图 5－3 矩阵型组织形式

矩阵型纵向和横向的交叉划分，使得员工同时接受两方面的领导：在日常工作、技术能力等方面，接受职能部门的纵向领导；在完成特定产品的开发任务过程中又接受项目经理的横向领导。这种组织形式能够把职能部门与产品开发项目有机地结合起来，有利于发挥职能部门的专业优势和项目管理的灵活优势。但其不足也非常明显：纵横交叉的组织形式，提高了管理和运营的复杂度，增大了体系建设难度，多方领导也增加了绩效考核的难度。

华为公司法中写到，在公司的纵向等级结构中引入横向的动作方式，激活整个组织，最大限度地利用和共享资源。既要确保纵向直线职能系统制订和实施决策的政令畅通，又要对横向的系统作出及时、灵活的响应，使最贴近顾客、最先觉察到变化和机会、高度负责的主管和员工,能够及时得到组织的支援,为组织目标做出贡献。

矩阵型组织形式既可以发挥小团队灵活、快速的优势,也可以通过职能部门为产品和项目的开发提供支持,发挥企业的专业和规模优势;横向是基于团队的小作战单元,纵向是资源保证和服务部门,是企业内部的供应商;横向的任务是满足用户需求,纵向的任务是满足横向团队的需求。

尽管矩阵型组织形式有其管理上的复杂性,但是仍然能取得非常好的效果,是值得推荐的组织形式。

5.1.2 跨部门集成团队组建原则

跨部门集成团队是在对团队成员开展有效规划、合理配置、适当激励等管理的基础上,调动所有产品开发利益相关方的积极性,为产品开发建立高效的工作机制,实现共同的产品目标。跨部门集成团队的组建强调团队的目标性、灵活性和统筹协调性。

跨部门集成团队具有以下特点:

(1) 清晰的目标;

(2) 跨部门的团队结构;

(3) 高素质团队成员;

(4) 良好的沟通;

(5) 相互信任;

(6) 团队承诺。

跨部门集成团队的组建涉及五个部分,可以总结为5P,即目标(purpose)、人(people)、定位(place)、权限(power)和计划(plan),所以团队组建的原则与5P相对应。

(1) 目标(purpose)。确保产品开发团队目标明确,与组织目标相一致,成为团队成员的导航;同时,要将团队的目标分解为每一个团队成员的目标,确保每一个团队成员都清楚了解团队的目标和自身的目标。

(2) 人(people)。人是团队的核心因素,不同的人通过分工来共同完成团队目标;团队成员选择需要考虑成员的技能、经验以及技能是否互补等因素,择优选择。

(3) 定位(place)。团队的定位包含两个层次:首先是团队在企业中的定位,受到产品的重要程度、产品负责人在企业的地位等因素影响,直接决定了团队在后续工作中受到的重视程度及资源匹配的数量；其次是团队成员的定位，即团队成员在团队中扮演的角色及承担的职责。

(4) 权限(power)。团队的权限同样包含两个层次：首先是团队在企业中的权限，如财务决定权、人事决定权等；其次是团队负责人的权限，决定了团队负责人的话语权。

(5) 计划(plan)。团队不仅要有一个清晰的目标，还需要实现该目标的完善计划。计划是团队目标实现的一系列具体行动的程序，完整的项目策划、高效的执行力是团队目标实现的基础。

5.1.3 跨部门集成团队分类

根据职责的划分，跨部门集成团队可以分为三类：决策团队、规划团队和开发团队，如表5-1所示，团队的成员、规模、目的各不相同，根据企业规模、按照企业内部层级、依据需求而组建。

表5-1 常见团队汇总

团队	含义	类型
IPMT	integrated project management team，集成组合管理团队	决策类
PMT	project management team，组合管理团队	规划类
RMT	requirements management team，需求管理团队	开发类
ITMT	integrated technology management team，集成技术管理团队	决策类
PDT	product development team，产品开发团队	开发类
TDT	technology development team，技术开发团队	开发类
…	…	…

随着企业规模的扩大，团队的层级也会随着增加，可以分为企业级、产品系列级、产品级等，每个层级都可以成立三类团队。同时，针对产品可以成立决策、规划和开发三类团队，针对技术同样也可以成立决策、规划和开发三类团队，即技术决策团队、技术管理团队及技术开发团队。

5.1.3.1 决策团队

决策团队是企业产品投资决策和评审的组织机构，负责企业战略的制定、指导和监控产品运作、制定企业业务计划、推动企业内部各部门协作、对产品开发进行决策等。企业级决策团队的负责人一般由企业最高领导者担任，团队成员由各个职能领域的最高主管组成。

决策团队的主要职责如下。

（1）企业层面。① 制定企业战略，确定企业的使命、愿景和价值观；② 制定企业计划，审定企业年度计划、产品规划等，确保各领域规划与企业整体计划保持一致；③ 统筹管理企业资源，实现企业资源配置优化；④ 统筹管理各领域资源建设，为产品开发提供资源支持。

（2）产品层面。① 产品决策，根据产品需求、盈利能力、资源可获取性等因素，负责产品立项、继续、中止等重大决策；② 指导、批准和监控产品业务计划，确保产品业务计划与企业整体计划保持一致；③ 审批产品预算和资源计划，根据决策进行资源配置。

产品或者技术开发需要企业或者产品系列的决策层参与，但是，如果决策层参与过于频繁，就会导致团队无所适从或者完全按照决策层的意见开展工作，影响团队自身能力的发挥。所以，需要建立决策机制，明确决策层何时、以何种形式参与到产品开发过程。

决策团队是典型的跨部门团队，是企业高层团队。它不是简单地将各职能领域的领导召集在一起开会，而是企业内部各种资源的有机"集成"。决策团队要相互配合和互补，综合各方面的信息，发挥集体决策的优势，解决产品开发过程中管理和决策问题，起到"1+1>2"的效果。

为了保证决策团队高效运作，需要制定共同的行为准则并严格执行，为规划团队和开发团队树立榜样：

（1）以公开、坦诚的态度讨论问题；

（2）尊重团队其他成员的职业素质；

（3）鼓励跨部门团队协作；

（4）恪守承诺，一旦决定就坚决贯彻执行；

（5）鼓励不同观点。

决策团队主要通过决策评审会来履行职责。为了提高会议效率和决策质量，在会前准备、会议过程及会后跟踪环节要做好充足准备。

（1）会前准备：提前准备好会议材料，决策团队成员要提前阅读会议材料，必要时可以提前与 PMT 或者 PDT 进行沟通，避免在会议过程中了解细节内容。

（2）会议过程：制订会议日程，控制会议时间，在规定的时间内做出明确的决策及会后待办事项。

（3）会后跟踪：明确专人传达会上决策，跟踪待办事项，保证落实到位。决策团队成员也需要将会上决策传递到职能部门内部,确保后续资源保障到位。

5.1.3.2 规划团队

规划团队是企业负责产品规划的跨部门团队。宇航企业中,一般由产品总工程师担任规划团队的负责人,相关职能部门派代表参加,一般包含技术专家、市场人员、研发人员、财务人员、质量人员和供应链人员等。规划团队通过收集和分析市场信息和用户需求,结合企业内部能力制定产品规划,并对市场需求变化和产品的市场表现进行跟踪,是企业内部的参谋机构。其主要职责如下:

(1) 依据企业战略,制定产品系列的发展战略;

(2) 制定、管理和维护产品系列的发展规划和业务计划;

(3) 制定、管理和维护技术规划,确保技术规划与产品规划保持一致;

(4) 对发展规划和业务计划的执行情况进行跟踪和评估,及时发现和纠正出现的问题。

5.1.3.3 开发团队

规划团队完成产品规划后,经决策团队审核通过,就由开发团队执行后续的开发工作。

开发团队就像被决策团队选中的承包商,依据任务书的要求完成开发任务。开发团队根据任务书的要求向决策团队提出资源需求,决策团队向开发团队提供必要的资源。在开发过程中,开发团队应将开发方案、开发计划、开发进展,定期向决策团队汇报。如果开发团队未能按照任务要求完成预定工作,则决策团队有权及时终止整个工作,将损失降低到最低点。

开发团队从决策团队获得任务和“投资(资源)”后,根据任务要求制定方案和计划,然后再根据专业分工将设计、工艺、质量、生产等工作“分包”给团队内部各业务代表,再由业务代表本人或者组织所在职能部门其他人员共同完成业务工作。

5.2 宇航产品集成开发团队

5.2.1 团队组成

宇航产品集成开发团队来自与产品开发直接相关的职能部门。宇航企业中，产品开发一般需要产品总工程师、设计人员（可细分为产品设计人员、结构设计人员、软件设计人员、助理人员等）、测试人员、工艺人员（包括产品工艺人员、专业工艺人员）、物资采购人员、生产/操作人员、检验人员、产品保证人员、质量管理人员、计划调度人员等不同角色和岗位的人员共同参与完成。

5.2.1.1 项目经理

每个产品开发项目首先要确定一名项目经理，项目经理需要具备一定任职资格的人员担任，需要企业赋予其一定的决策职能和管理资源。例如，产品总工程师、产品部门领导、总监都可以作为项目经理的候选人，开发经验丰富且有一定沟通和协调能力的设计人员和其他符合要求的人员经过培训也可作为项目经理候选人。

项目经理带领团队成员开展新研产品开发管理和产品生命周期管理，共同以“产品成功、满足用户需求”为理念，统一对产品开发项目的目标实现负责，使产品按时、合格交付服务。企业应制定开发团队的绩效考核机制，制定绩效考核目标，一方面为项目经理履行管理职责提供必要的制度保障，提高项目经理的话语权，另一方面规范开发团队的行为，提升开发团队的积极性，保证产品开发顺利完成。

项目经理始终领导开发团队对产品开发项目的成功负责，包含立项、设计、生产、交付的全过程。在团队运行期间，项目经理领导团队开展需求分析，确定产品开发目标，履行开发职责，根据团队成员表现对团队成员进行绩效考核。同时，项目经理要始终站在全流程、全要素的基础上，协调解决项目冲突和产品问题。项目经理的职责可以总结为“四个管理”。

（1）目标管理：满足用户需求，高质量、高效率、高效益地完成产品开发。

（2）项目管理：对开发过程管理控制，包括计划、资源、绩效和基线管理。

（3）团队管理：构建一个和谐团队。

（4）支持管理：及时与上级汇报和沟通，反馈问题，及时求助。

在职能型组织中，授权是纵向的，不同的职能部门对所负责的专业领域负责。矩阵型组织和职能型组织的不同，首先就是责任和权力的转移，授予项目经理必要的管理权限，项目的责任和权力由职能部门转移到跨部门团队，纵向授权转变为横向和纵向授权并重。

项目经理的管理方式主要如下：

（1）项目经理与职能部门协商确认投入的资源，必要时可以签订承接合同，职能部门保证资源的及时投入，项目经理保证资源的及时释放；

（2）下发正式文件成立项目团队，提高团队成员的归属感；

（3）如有必要，团队成员集中办公，脱离原职能部门办公环境；

（4）团队成员的工作由项目经理指派，成员的个人工作计划和进展向项目经理汇报，必要时向职能部门领导汇报；

（5）团队成员的绩效考核由项目经理和职能部门共同承担，绩效考核结果与团队成员绩效奖金直接挂钩。

项目经理的职责已经远远超出产品设计的范畴，因此对项目经理的能力提出更高的要求，主要包括如下方面。

（1）技术能力：具备丰富的产品开发经验。

（2）领导能力：带领来自研发、市场、生产等不同职能部门的团队成员共同完成产品开发目标，形成团队凝聚力。

（3）项目管理能力：产品开发是复杂的项目管理，需要很强的计划、监控、沟通等项目管理能力。

所以项目经理不仅仅是技术专家，更是管理专家，合格的项目经理是企业的稀缺资源。项目经理的管理和培养是企业内部非常重要的工作，企业内部需要指定专门部门负责项目经理的管理，必要时，可以设置项目管理办公室。

5.2.1.2 团队成员

除项目经理外，产品开发涉及的人员少则几人、几十人，多则几百人甚至更多，如果成员过多，则失去了团队小规模的灵活优势，增加了管理成本，影响管理效率。所以，通常采取分组管理的机制，将团队分为核心组和扩展组。项目经理直接管理核心组成员，由核心组成员带领扩展组成员共同完成开发活动。开发团队结构如图 5－4 所示。

核心组成员和扩展组成员在项目过程中是可以变化的，根据项目进展和任务变化，扩展组成员可变为核心组成员，而核心组成员也可以调整为扩展组成员。

1. 核心组

核心组通常由 6～10 位成员组成，核心组成员来自不同领域的业务骨干，他们具备良好的技术或职能领域的专业知识、解决问题和处理人际关系的能力，是团队中各业务领域的代表，一般由产品设计人员、产品工艺人员、产品保证人员、计划调度人员、市场人员、成本管理人员等人员组成，可根据

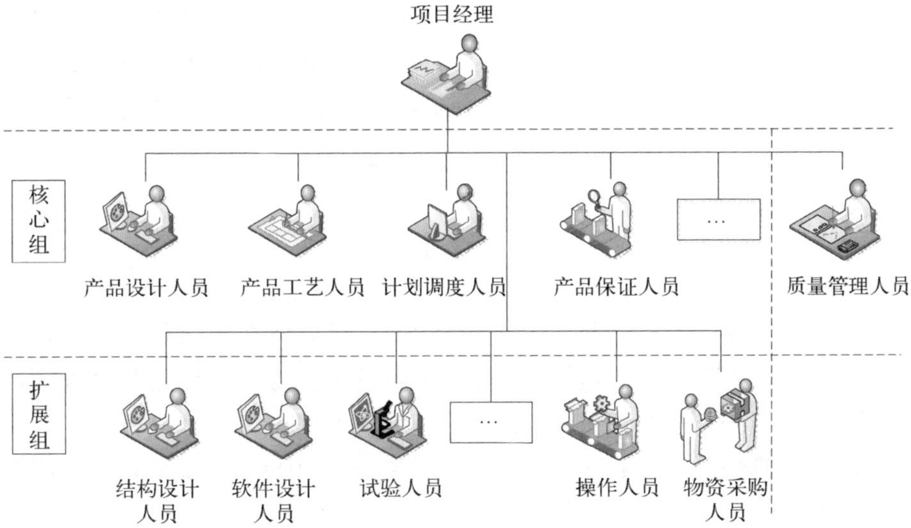

图 5-4 产品开发团队组成示意图

产品特点和专业需要，由项目经理与职能部门商定。

产品开发目标和职责需分配到核心组成员身上，每个成员的职责与其专业领域能力相关。核心组成员一方面在团队中作为职能部门的代表/专家参与工作，代表部门在团队做出决策，结合产品任务要求，参与确定产品开发目标，执行产品开发计划，协同扩展组成员应用部门资源和标准为产品服务，向项目经理汇报计划、质量、风险等关键问题的进展及资源需求；另一方面在部门内作为团队成员对部门提出资源要求，向部门领导汇报产品开发情况。

质量管理人员的角色相对特殊。作为质量管理人员，配合团队开展产品开发活动，行使质量监控、评估等职责。为了保证质量工作的独立性，不受其他因素影响，质量管理人员的考核由质量管理部门负责，项目经理可提供考核建议。

2. 扩展组

核心组以项目为核心，项目色彩浓重。与核心组相比，扩展组的工作重心在实际的操作和执行方面，在核心组的把关指导下，按照任务分配执行与工作领域相关、以日常活动为主的产品开发工作，及时向项目经理和核心组成员汇报产品状态、问题或者风险。

同时，产品团队还需考虑基础专业人员对于产品开发的支撑，如热控专业、机械加工专业等,通常情况下,可以将此类人员纳入扩展组。但针对有特殊要求的产品,如温度控制稳定性要求非常高的产品或者机械加工精度非常高的产品,就需要将此类人员纳入核心组成员,以其专业能力支撑产品高效开发。

5.2.2 团队管理

5.2.2.1 项目管理办公室

一个中大型企业必然有许多项目同时进行,如何在多项目之间进行资源优化组合、管理好项目风险就变得越来越重要。为了更好地解决资源冲突,复制成功经验,规范项目管理,项目管理办公室应运而生。

项目管理办公室(project management office,PMO)根据业界最佳实践和公认的项目管理知识体系,结合企业自身特点,为企业定制项目管理体系、培养项目经理、建立项目管理系统、开展多项目管理等,提高企业项目成功概率。

根据企业组织文化、组织结构、项目管理成熟度的不同,PMO 分为三种类型:保证型、控制型和战略型。

(1) 保证型。保证型是 PMO 的初始阶段,为项目经理提供管理支持、技术服务、知识管理等支持服务,以辅助者的身份出现。

(2) 控制型。控制型 PMO 代表企业的管理层对项目进行管理和控制,保证项目的顺利执行,以实现组织目标和项目目标。控制型 PMO 的职责主要包括:项目经理的任命、资源的协调、项目的审批,项目的审查等。

(3) 战略型。战略型是 PMO 的高级阶段,承担了企业战略目标确定与分解、项目筛选等任务,为企业建立适用的项目管理体系、流程和工具,营造企业内部的项目管理文化,推行项目管理标准,进行项目群管理,确保所有的项目能够围绕着企业的发展战略运行,并且能够为企业带来相应的利益。

虽然 PMO 的形式有所不同,但 PMO 的职责可以总结如下。

(1) 标准与制度引进。引进国内外先进的管理理念与标准,如 ISO9001、CMMI 等,结合企业实际特点,建立统一的项目管理标准、流程、规范和模板,并且融入企业的管理流程中,监控流程与制度的运行情况,持续改进与完善,使企业的项目管理成熟度不断提升。

(2) 项目经理梯队建设。开发项目管理课程,构造项目经理能力素质模型与任职资格,为企业储备项目管理人才。建立项目经理职业发展通道,通过内部竞标等方式，选拔与任命项目经理，为项目经理建立良好的发展空间。

(3) 资源管理与协调。建立项目的筛选机制，根据项目的重要程度确定项目的优先级，配置不同的资源。在项目运行期间，在人员、设备、资金等方面，根据项目的优先级及资源的可用性进行综合调配，以实现企业的整体目标。

(4) 考核激励机制建立。建立项目考核激励机制，将进度、成本、质量、用户满意度等方面作为项目考核与评价的依据，通过综合打分，将项目执行情况与项目最终考核结果直接挂钩，鼓舞团队士气，提高团队意识和项目成功率。

(5) 数据分析与决策支持。通过工时统计与分析、经济效益分析、开发效率分析、项目进度、成本偏差分析等方面的数据分析，发现项目可能出现的问题，及时发出预警，为项目的执行与企业决策提供数据支撑。

(6) 项目管理知识库建立。通过对已有项目的经验教训、历史数据进行总结，提炼项目中的精华，进行知识共享与管理，便于成功经验的复用，使得项目管理制度与知识沉淀固化。

5.2.2.2 开发团队管理

1. 运行机制

宇航产品集成开发团队运行可以分为团队组建阶段、运行阶段和服务阶段三个阶段，如图 5－5 所示。

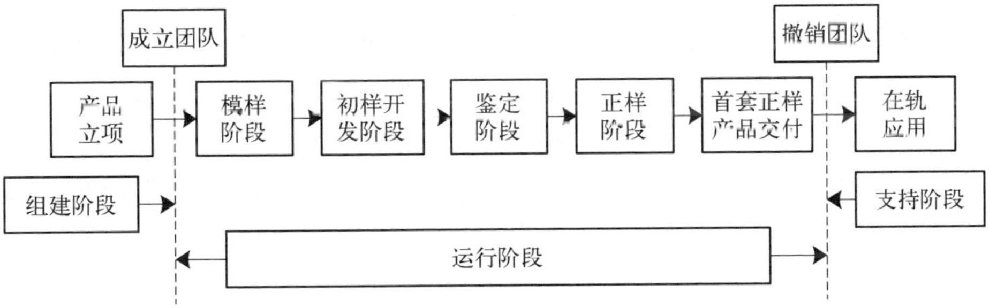

图 5－5 团队生命周期图

1) 组建阶段

产品立项阶段，由项目经理与职能部门领导共同确定产品开发团队的核心组成员。为保证产品开发效率，减少跨部门团队的磨合时间，鼓励按照产品系列而不是以某个产品来组建产品开发团队，团队的核心组成员相对固定。产品立项通过后，企业应正式发文成立产品开发团队，明确项目经理和核心组成员，保证人力与资源的及时投入。

2）运行阶段

产品开发团队应建立内部工作机制，建立有效的例会机制，这样做的原因很简单，产品开发团队是个跨部门的团队，核心成员来自不同的部门，通过例会机制，便于产品开发过程中的各类信息及时共享，形成有效的协同机制和氛围，减少沟通的成本。同时，也可以对开发过程的各类问题及时纠偏，确保整个产品开发项目按照预期的目标稳步前进。

职能部门为产品开发团队提供资源和支持，负责人员的培养，并致力于推动专业领域的技术能力提升。当资源发生冲突时，职能部门要妥善处理，保障产品开发项目得到顺利实施。产品开发过程中可借助评审点作为决策点，及时释放上一阶段资源，并对下一阶段的资源投入进行决策。

3）支持阶段

产品开发团队在产品完成开发后要及时解散，团队成员回归各自职能部门，及时释放资源，保证后续项目可以获得足够的支持。团队撤销后，在后续重复生产及在轨运行时，以事件为驱动，由原产品开发团队成员负责提供技术支持和服务。

2. 跨部门协同流程

团队组织形式设计的最终目的是要为业务流程服务。组织形式关注如何配置资源，如何分工与合作。然而，并不是各个部门把各自复杂的工作做好，最终目标就一定会实现。对于简单、重复、创新要求不高的工作基本可以实现。但是对于创新要求比较高的工作，最终目标的完成要充分依赖不同部门、不同角色之间的协同。如何保证充分沟通、相互协调和相互配合，就需要制定标准。流程就是标准，就是做事的方式和方法，关注如何开展业务才能更好地满足用户需求和实现企业目标。

为了确保跨部门团队运行机制能够得到有效落实，按照产品类别，结合产品开发过程，将工作项目分解为具体的活动，针对每个活动，利用 SIPOCP 模型梳理活动的供应者（supplier）、输入（input）、流程（process）、输出（output）、用户（customer）和参与者（participate）信息，通过输入和输出之间的关联，厘清各项活动之间的逻辑关系，通过参与者信息厘清活动的协同人员要求。

（1）供应者：向流程提供输入文档、材料或其他资源的人员。

（2）输入：按照相关制度要求，由供应者提供符合标准的文档、材料或资源。

(3) 流程：使输入发生变化、增加价值、产生输出的活动，针对产品设计环节进一步分解细化，形成颗粒度更细、更贴近实际过程的活动。

(4) 输出：流程的结果，一般情况下，中间过程的输出是后续工作的输入。通过输入和输出的关系，展现出不同活动之间的逻辑关系。

(5) 用户：接受输出的人员。

(6) 参与者：完成流程需要的协同人员。正是通过此项信息的梳理，明确流程中哪些活动需要协同，需要哪些人员协同，为跨部门协同的实现提供落脚点。

通过 SIPOCP 模型梳理形成协同活动表(表 5－2 为协同活动表示例)，从“全景”视角，清晰地展现了宇航产品开发全过程的“图像”，打破了职能部门的界限，集中展示了跨部门界限的协同活动，促进了产品设计、工艺、质量、采购的整体过程协同活动的顺利实施。参与者不仅可以清晰地了解他们执行的活动，更重要的是了解到与其他参与者执行的活动之间的关系，帮助每个参与者认识到其执行的活动都为其他参与者提供输入资源以使其能够完成相关活动，从而提高整体团队的协作意识和效率。

表 5－2　协同活动表(示例)

序号	供应者	输　入	流　程	输出文件	用户	参与者
1	用户	产品任务书、建造规范	方案设计(聚焦关键技术攻关)	产品方案设计报告	质量管理人员	项目经理、设计人员、工艺人员、计划调度人员、物资采购人员等
2	项目经理	产品方案设计报告	制定关键技术验证试验方案	关键技术验证试验方案	质量管理人员	设计人员、工艺人员
3	设计人员	方案设计报告	元器件首次选用必要性论证	元器件首次选用必要性论证报告	物资采购人员	用户、项目经理
4	设计人员	方案设计报告	编写内/外协任务书	内/外协任务书	计划调度人员	项日经理
5	设计人员	方案设计报告	单板组件设计	原理图、元器件表等	质量管理人员	项目经理、工艺人员
6	…	…	…	…	…	…

以表 5-2 中第一个流程“方案设计”为例，方案设计的供应者为用户，由用户提供任务书或者建造规范作为方案设计工作的输入，方案设计过程中需要项目经理、设计人员、工艺人员、计划调度人员、物资采购人员等共同参与，输出方案设计报告给质量管理人员，由质量管理人员组织方案设计评审。

5.2.3 团队考核

实施团队考核，目的是打破部门壁垒，提高团队的整体性和积极性，提升团队运行效率。绩效考核的本质是通过公平、公正的考评体系和评判标准，奖优罚劣。通过对绩效考评结果和细节数据分析发现工作中存在的问题，进而完善制度或者流程。

矩阵型组织形式纵向与横向管理交叉，增加了管理的复杂程度，也导致了绩效体系设计与考核的难度加大。建立科学的绩效考核机制，既要服从企业整体发展战略，又要易于理解，便于操作，最大限度地提高和发挥员工的主动性与创造性。

绩效考核体系的制定要遵循 SMART 原则，即明确（specific）、可衡量（measurable）、可达到（attainable）、相关（relevant）和时间限定（time-bound）。

（1）明确：绩效指标是明确的，就是要用具体的语言清楚地说明要达成的行为标准，使被考核人员能够很清晰地了解到需要做什么及做到什么程度。

（2）可衡量：绩效指标是可以衡量的，应该有一组明确的数据作为衡量是否达成目标的依据，使制定人员与被考核人员有一个统一、标准、清晰、可度量的标尺。对于目标的可衡量性应该从数量、质量、成本、时间、上级或用户的满意程度等方面来考虑。

（3）可达到：绩效指标应该是在付出努力的情况下可以实现的，太高或者太低都无法起到激励的作用。目标设置要坚持让员工参与，使拟定的工作目标在组织及个人之间达成一致，既要使工作内容饱满，也要具有可达到性。

（4）相关：绩效指标要和岗位职责相关联，如果相关度很低，即使目标达到了，意义也不是很大。

（5）时间限定：绩效指标是有时间限制的，没有明确的时间限定也会带来考核的不公正，影响工作关系及被考核人员的工作热情。

考核体系的制定需要让基层的管理者参与进来，他们最了解现行体系的不足，有的放矢，使得考核体系与企业的实际情况相适应，同时也可以帮助考核体系的推行和落实，消除员工对考核制度的抵触，降低执行难度。

考核体系要让准确的考核结果对应到清晰的结果导向上去，让员工感受到，只要做出应有的工作成绩，就可以达成期望的结果，这样就会极大地调动员工工作积极性，使其愿意为项目成功而持续努力。

宇航产品集成开发团队绩效考核体系可以概括为"三分"，即分等级、分阶段和分要素。

1. 分等级

绩效考核不能一视同仁，产品开发的复杂程度、重要程度不同，产品开发的难度自然不同，其考核标准也应该随之变化。所以首先要对产品进行分级，根据级别的高低设置相应的绩效考核标准和绩效金额，作为绩效发放基准。例如，根据其复杂程度和重要性等因素，将宇航产品分为四个等级，如表 5－3 所示。而绩效基准金额则根据企业的规模、整体薪资水平、产品项目的周期、复杂程度、团队成员数量等因素确定。

表 5－3　绩效档次划分标准（示例）

档　次	描　　述
第一档	项目复杂度高，技术难度很大，涉及专业面广，参研部门和人员众多，意义重大，能够拓展新领域
第二档	项目技术难度较大，涉及专业面较广，参研部门和人员较多，意义较大
第三档	项目有一定技术难度，涉及专业较少，参与人员较少
第四档	项目技术单一，参与人员很少

2. 分阶段

产品开发团队的绩效考核按照产品开发阶段进行分阶段考核，给每个阶段赋予相应的绩效比例，每个阶段分别按照绩效比例所对应的金额作为考核基准，保证激励的及时性。例如，设定立项策划的绩效比例为 20%，如表 5－4 所示，如果产品项目总的绩效考核基准金额为 50 万元，则立项策划的绩效考核基准金额为 50×20%＝10 万元。

表 5-4 阶段绩效比例

阶段划分	立项策划	实施			正样
		模样	初样	鉴定	
绩效比例	20%	70%	/	/	10%
		/	70%	/	
		/	/	70%	
		30%	40%	/	
		30%	/	40%	
		/	30%	40%	
		20%	20%	30%	

3. 分要素

团队考核需覆盖团队履职、计划管理、质量管理、成本管理等多个方面。每个要素还可以根据实际情况制定二级考核要素,并明确考核指标具体要求。为了便于实际操作,对每个考核要素赋予一定的分值,总分值为100分。每次考核,按照考核指标具体要求,对每个考核要素进行打分,并计算总分值。

绩效考核的要素如下。

(1)团队履职。重点考核产品开发团队组织构架的完整性,以及团队成员的日常履职情况。推荐考核指标:① 团队健全情况,是否按照要求下发正式文件成立团队,是否包含产品开发所需的所有核心成员;② 团队履职情况,团队是否定期召开内部例会,项目经理是否合理分配产品开发工作,团队成员是否定期向项目经理汇报工作进展等;③ ……

(2)计划管理。重点考核产品开发计划的执行情况。推荐考核指标:① 里程碑完成情况,产品立项策划的重要里程碑节点是否按时完成;② 年度计划完成情况,本年度产品开发计划活动是否按时完成,有多少项目活动推迟,是否影响产品开发整体计划等;③ ……

(3)规范性。重点考核产品开发过程中,对设计、技术、流程等方面的执行规范性。推荐考核标准:① 流程执行情况,是否按照产品立项策划的流程执行,是否有流程调整,有多少项目进行了调整等;② CBB模块复用情况,通用模块复用率为多少，哪些模块采用了通用模块，哪些模块未采用通用模块等；③ ……

（4）质量控制。重点考核质量风险的管控情况，对质量问题的处理情况。推荐考核标准：① 质量问题，产品开发过程中是否出现质量问题归零，出现了多少次归零等；② 文档质量，是否按照模板要求编写报告文档，是否按时归档等；③ ……

（5）成本控制。重点考核成本的管控情况，预算是否合理，成本控制是否到位。推荐考核标准：① 预算情况，产品立项过程中经费预算是否合理；② 预算偏差情况，产品开发过程实际成本与立项策划中成本预算之间的偏差有多大；③ ……

在具体实施过程中，在产品立项阶段，由评审专家对产品的等级进行评估，并根据等级确定绩效考核基准金额。根据产品开发的阶段划分，按照阶段绩效比例计算出每个阶段的绩效考核基准金额。在每个阶段完成后，按照考核要素对产品开发过程进行打分，再根据打分结果确定实际的绩效考核发放结果，绩效考核发放结果计算公式为：绩效考核发放结果=产品绩效考核基准金额×阶段绩效比例×实际打分分值/100 分。

具体的绩效分配结果，由项目经理和职能部门共同负责，分别承担一定的发放比例，如各承担 50%的发放比例。项目经理和职能部门分别确定发放人员及具体的发放金额，汇总到绩效的主管部门，由主管部门形成最终的发放结果，经企业的决策团队审查通过后再具体执行。

5.3 小　　结

为了打破“部门墙”，提高团队协作能力，企业应该构建矩阵型管理模式。宇航产品集成团队可以分为三种类型，即决策团队、规划团队和开发团队。本章介绍了宇航产品集成团队三种类型各自的特点和主要职责，并详细说明了开发团队的组成、管理和考核内容。

第六章　全生命周期流程管理

创新和开发在很长一段时间内都被认为是一些天才和技术人员的专属活动,这些活动是灵活的、难以结构化的、很难被管理的。随着产品越来越复杂,涉及的专业越来越多,协同的人员也越来越多,开发过程的结构化和规范化越来越受到重视。无论从最初的PACE还是IPD,都是创新和开发的管理模式,都在开发过程的结构化和规范化方面做出了很大努力,都在试图建立开发的"流水线",让开发过程更加规范,有章可循。

国际标准化组织在ISO9001质量管理体系标准中对流程给出的定义:流程是一组将输入转化为输出的相互关联或相互作用的活动。管理学大师迈克尔·哈默认为,流程是为顾客创造价值的一系列逻辑相关的活动。所以,流程首先是一组活动,是一组相互关联或相互作用的活动,而非一个单独的活动;其次,流程中的活动是有意义的,是能够创造价值的。

通过流程,将对目标的关注转为对目标和过程的共同关注,加强过程节点的把控,提高了制度的可执行性,提升了管理的精细化;通过流程,使隐性知识显性化,将标准操作步骤和要求以统一的格式进行描述,用来指导和规范日常工作,提高了管理的标准化;通过流程,将标准和制度模板化,把例外事项变为例行事项,提升了管理的规范化。

6.1　宇航产品全生命周期流程

以往的宇航产品流程管理的重点是产品开发过程,对于技术开发、应用管理的关注度不足。近年来,随着宇航市场的快速发展,对宇航产品研制能力和管理能力提出了更高要求,实施全生命周期流程管理势在必行。

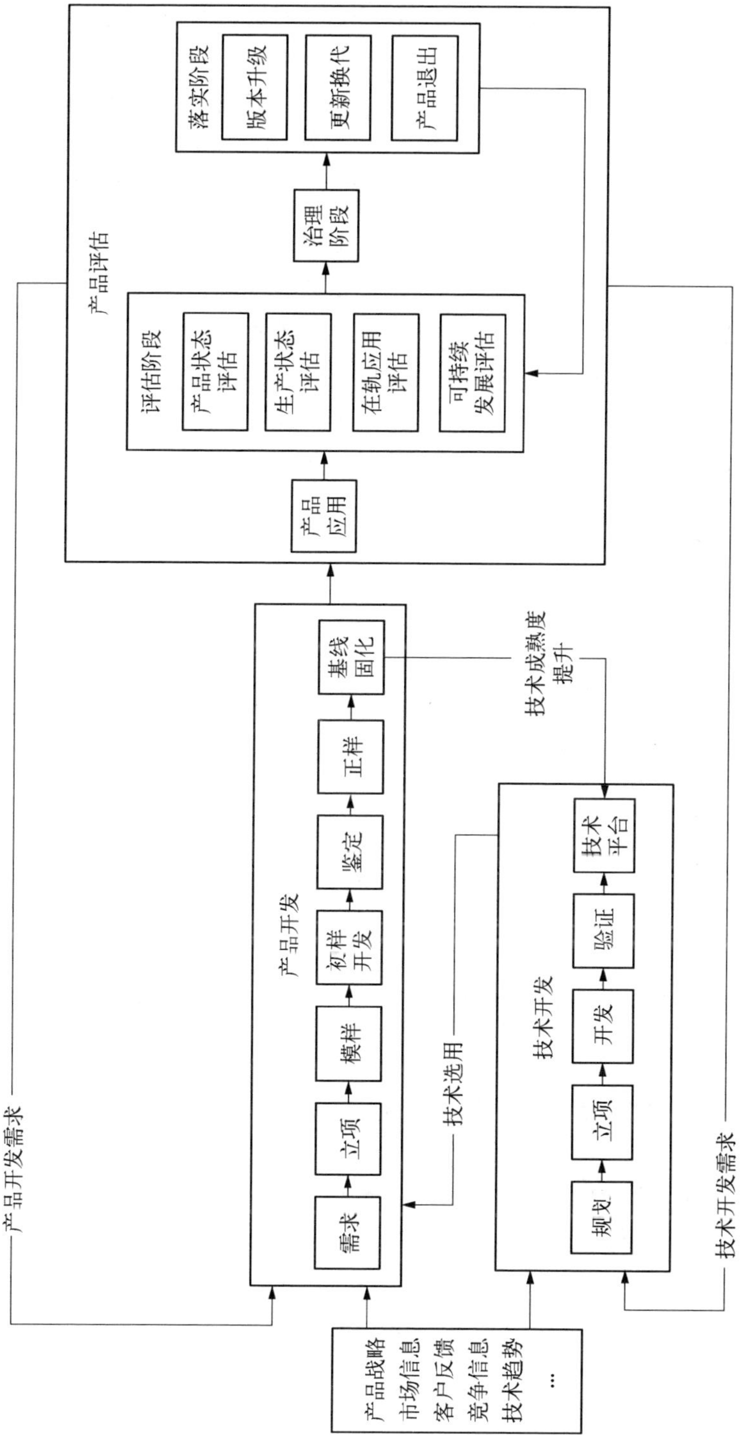

图 6－1 宇航产品全生命周期流程总框架图

在宇航产品开发流程的基础上，向前延伸到技术开发，提前组织技术开发，形成技术平台，供产品开发直接选用，打通技术开发到产品开发之间的链路；向后将产品评估工作纳入流程管控，将产品开发流程向产品应用延伸。构建宇航产品全生命周期管理流程，固化模式，逐层细化，有效指导并确保各类标准规范实现常态化实施。

图 6－1 为宇航产品全生命周期管理流程框架图，宇航产品全生命周期管理流程可以划分为技术开发、产品开发和产品评估三大子流程，框架图中展现了三个子流程的关注重点、关键要素及相互关系。

技术开发流程即支撑技术开发流程，提前开展支撑技术的规划、开发和储备，供产品开发选用，产品开发完成后对支撑技术的状态进行更新，便于后续产品选用。

产品开发完成后，通过成熟度定级固化产品状态，作为后续重复投产的依据。开展产品评估，对产品的技术状态、生产状态及应用状态进行评估，寻找薄弱环节，不断提高产品成熟度，同时为技术和产品开发提供新的需求。

支撑技术开发流程已经在第四章中详细介绍，本章重点介绍产品开发和产品评估工作流程的内容。

6.2　宇航产品开发流程

6.2.1　宇航产品传统开发流程

宇航产品传统开发流程直接将开发环节串联而成，如图 6－2 所示，属于典型的“串行”流程，按部就班地由“概念开发→详细设计→生产试制”逐步开展[2]。

产品设计人员、工艺人员和操作人员按照串行工作机制开展各项工作，工作流程一般如图 6－3 所示。

（1）产品设计人员独立设计出产品设计图样，包括机械图、电原理图等，由工艺人员会签，进行设计工艺性审查。

（2）工艺人员按照设计图样和技术要求编写工艺文件，落实设计意图，并指导产品制造生产。

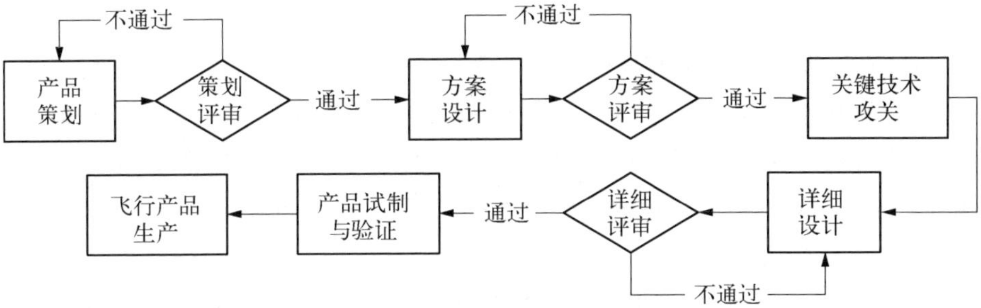

图 6-2　宇航产品传统开发流程

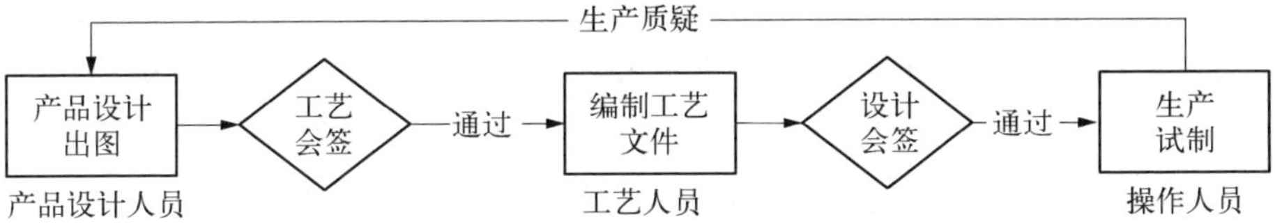

图 6-3　产品设计、工艺与操作实施流程

(3) 操作人员根据设计图样和工艺文件开展生产制造，在生产过程中如遇到生产无法实现或不满足要求的设计，向产品设计人员提出质疑，由产品设计人员进行解答或设计更改。

宇航产品传统开发流程曾经发挥了重要的作用，但随着宇航产业的发展，串行流程越来越难以适应市场的快速变化，难以满足产品协同开发的需求。因此需要对传统开发流程进行优化再造，通过现代化管理思想和信息化管理工具来增强企业的产品设计能力，更好地适应产业化和市场化的新形势。

6.2.2　宇航产品结构化并行开发流程

1. 结构化流程

宇航产品开发流程厘定了产品全过程的开发工作，将有益的开发经验固化为工作项目，使开发工作项目更为完整，将以往的单纯技术流程丰富为包含科研、质量、物流等各方面的开发流程，划分为立项阶段、模样阶段、初样开发阶段、初样鉴定阶段和正样阶段，各阶段相应工作项目由浅入深、逐步递进，如设计工作涉及方案设计、概要设计和详细设计等项目，构成适宜的工作时序和协调脉络，确保开发工作有序开展，避免“孤岛”现象出现。

1）立项阶段

立项阶段重点是详细分析用户需求，对待开发产品的技术可行性、技术难度和实现过程可能存在的风险进行分析，对具体的阶段划分、流程制定、重点工作项目、可靠性和安全性工作、人员配置和任务分配情况进行策划，并提出资源需求和需协调解决的问题。

2）模样阶段

模样阶段应结合产品规划，确定产品开发的思路和原则，结合国内外同类产品研究现状，开展多方案的对比分析，确定产品工作原理，阐述各组成模块的工作原理和相互接口关系，细化分解产品的功能、性能和接口要求，明确产品结构组成，有针对性地开展可制造性设计（design for manufacture，DFM）、可验证性设计（design for verification，DFV）。本阶段重点关注关键技术攻关，完成原理样机的研制，但尚未按飞行条件开展地面考核验证。

3）初样开发阶段

初样开发阶段是设计的关键阶段，在模样阶段的基础上，基于系统工程方法，统筹考虑产品的功能、性能、质量、加工、装配、试验、检测、验收和维修等因素，将产品分解为模块/组件，逐级开展设计，完成产品指标及其裕度的细化分解，确定产品整体设计思路、功能模块（单板）划分、功能模块（单板）相互接口关系，完成尺寸、质量、功耗、外观、结构及机械接口、电气及其接口、热及其接口、工艺、软件等设计内容；由各组件向产品集成，逐级开展验证，并完成产品级地面环境模拟试验。本阶段应聚焦产品工程实现和性能验证，重点关注的是产品设计、设计验证和试验等。

4）初样鉴定阶段

初样鉴定阶段是在初样开发阶段的基础上，按照飞行条件对产品进行一系列验证。试验完成后，开展产品检查，重点关注外观、元器件管脚、焊点、印制电路、多余物、过热、结构损伤，以及活动部件的润滑、磨损、疲劳等情况，对于难以分解的产品应采用 CT 等方式进行判读检查，证明产品的设计和工艺满足任务要求并具有规定的裕度。必要时，需开展可靠性和寿命试验验证。本阶段应聚焦产品鉴定考核及生产状态固化，重点关注的是产品鉴定、工艺验证、设备验证及产品设计、生产用文件固化等工作。

5）正样阶段

正样阶段是在完成初样研制的基础上，研制提供正式产品，该阶段工作内容包括正样设计、正样生产和正样试验。正样产品是在正样研制阶段通过了地面验收试验，可用于发射的产品。正样产品研制应在初样产品研制任务完成之后开始，即按照正样设计要求和初样试验后所确认的结构和技术状态，设计、试验可用于发射的产品。正样阶段应聚焦技术状态确认和复核，重点关注的是生产准备和技术状态过程控制。

为了更好地展现开发流程中各工作节点的逻辑关系、厘清工作内容和明确工作责任，宇航产品开发流程通过三种形式详细阐述了五个阶段的开发过程，分别是流程图、流程细化图、工作项目详细说明表。

阶段流程图：按照策划、设计、生产、验证和总结的顺序确定各阶段的工作项目，明确并行工作项目要求，如图6－4所示。

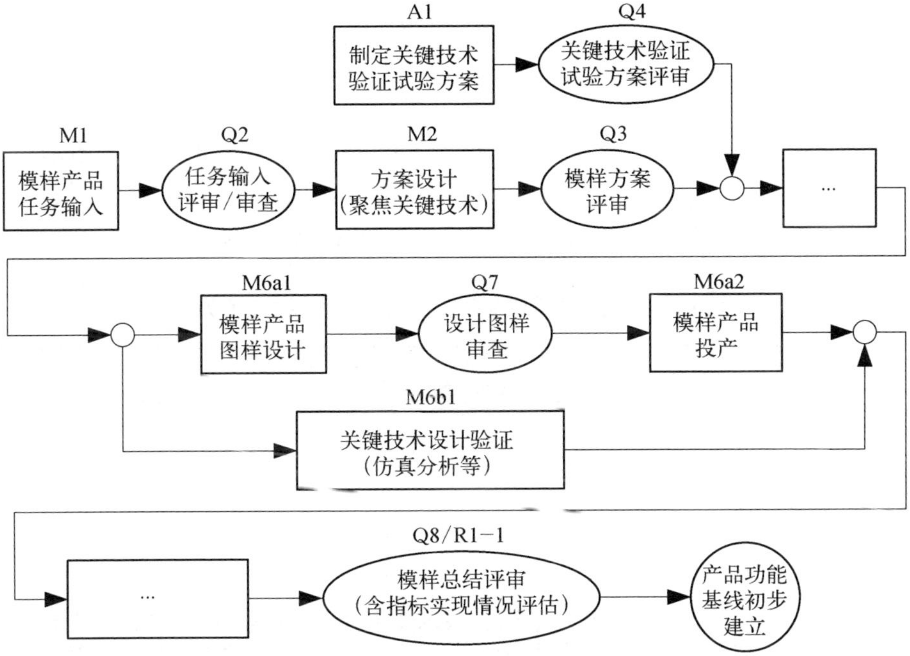

图6－4 模样阶段通用研制技术流程图(示例)

流程细化图：确定各工作项目中的工作内容、责任单位和支撑文件(包括输入、输出文件和依据规章)，如图6－5所示。

工作项目详细说明表：对各工作项目进一步详细说明，包括具体内容、实施时机、主要输入文件、主要输出文件、质量记录、责任单位或责任人、协助单位或人员、对应要素及依据文件，作为附件供使用者参考，如表6－1所示。

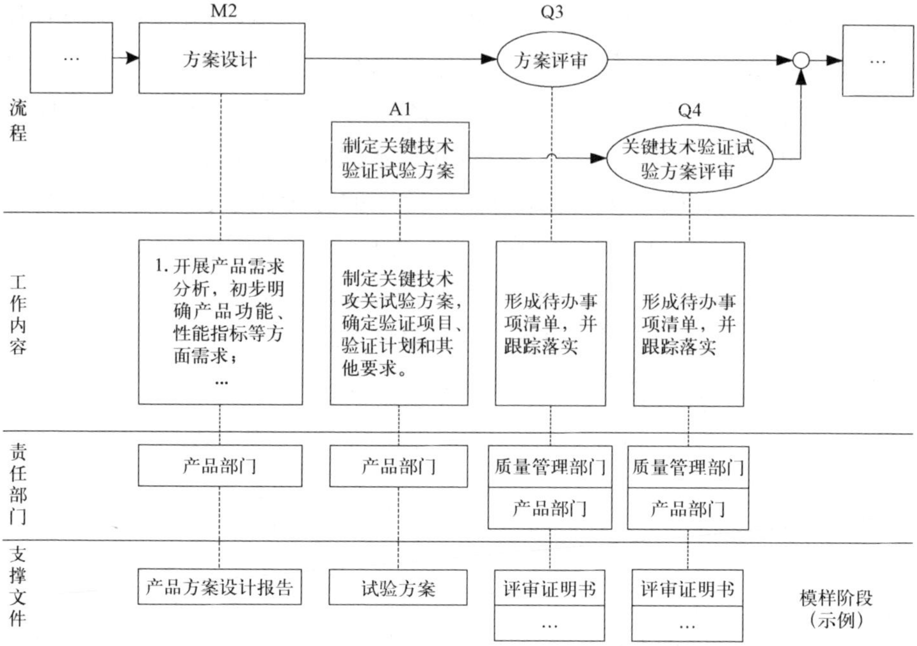

图 6-5　模样阶段研制技术流程细化图（示例）

表 6-1　模样阶段研制工作项目详细说明表（示例）

流程编号	工作项目	工作项目内容	实施时机	输入	输出	责任部门
Q2	任务输入评审	评审或审查产品技术要求，初步确定产品技术要求，明确产品的关键指标和不确定项	技术要求初步确定后	（1）任务书 （2）合同（若有）	评审证明	质量管理部门
M2	方案设计	（1）开展产品需求分析，初步明确产品功能、性能指标等方面需求； （2）开展 DFM/DFA/DFV 等工作、确定组成结构、工作原理和工作模式； …	技术要求确定后	（1）任务书 （2）质量要求 （3）合同	产品方案设计报告	产品研制部门
Q3	方案评审	评审产品方案设计报告，确认模样方案设计的合理性，形成待办事项并跟踪闭环	方案报告完成编写后	产品方案设计报告	评审证明书	质量管理部门

2. 并行流程

结合宇航产品的特点,将宇航产品设计过程细分为方案设计、概要设计和详细设计三个过程,使产品设计逐步深入、渐趋成熟。

1)方案设计

方案设计是将总的需求分解为子功能需求,在此基础上开展模块划分、初步设计及组合分析,经过评价和决策,得到一组可供选择的产品方案设计。在并行设计流程中,产品团队应共同分析决策,共同在方案设计过程完成任务分析、技术方案设计和关键技术设计,如图6－6所示。

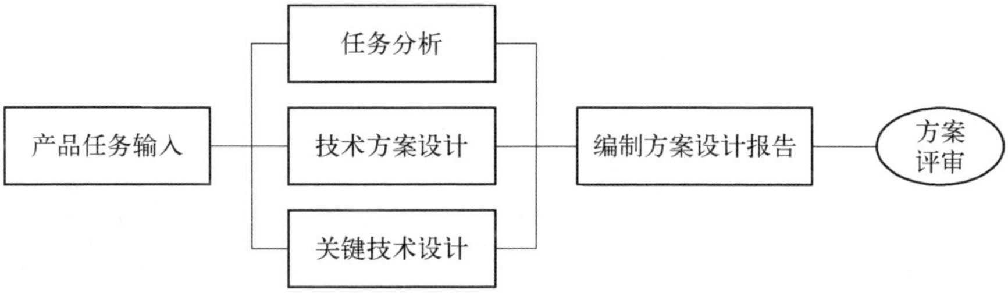

图6－6 方案设计阶段并行工作示意图

2)概要设计

在概要设计过程中,产品团队就产品指标分解、功能模块划分、材料选用、装配设计等方面,充分应用宇航产品已有经验,同时发挥产品团队的才智和经验,完成产品概要设计,确定产品的主要工艺路线,如图6－7所示。

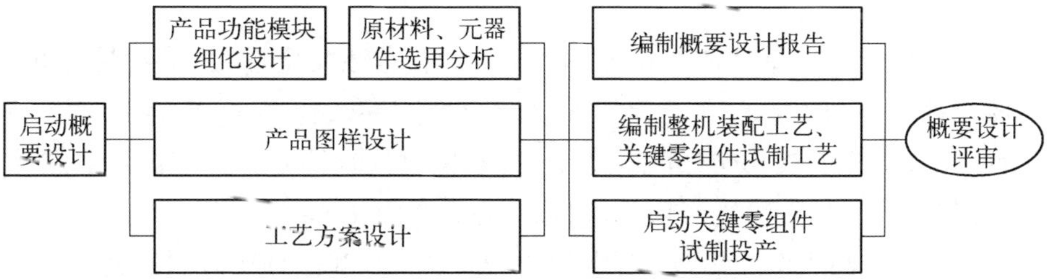

图6－7 概要设计阶段并行工作示意图

提前开展制造工艺设计,结合产品功能模块细化设计、原材料元器件选用,开展工艺方案设计、关键工艺方法设计等工作,初步确定产品装配工艺,启动新工艺验证工作。

结合当前生产条件和在轨工况要求,产品设计人员与工艺人员共同确定主要原材料、元器件选型的准则，对影响产品制造过程的关键参数、指标进行对比分析。识别首次使用的、低等级等特殊原材料和元器件，提出论证和工艺验证的要求，并由工艺人员组织实施验证。

3）详细设计

详细设计的目标是完成可靠性设计并开展功能性能实现（含生产）的全面参数优化，固化产品技术状态，如图 6－8 所示。

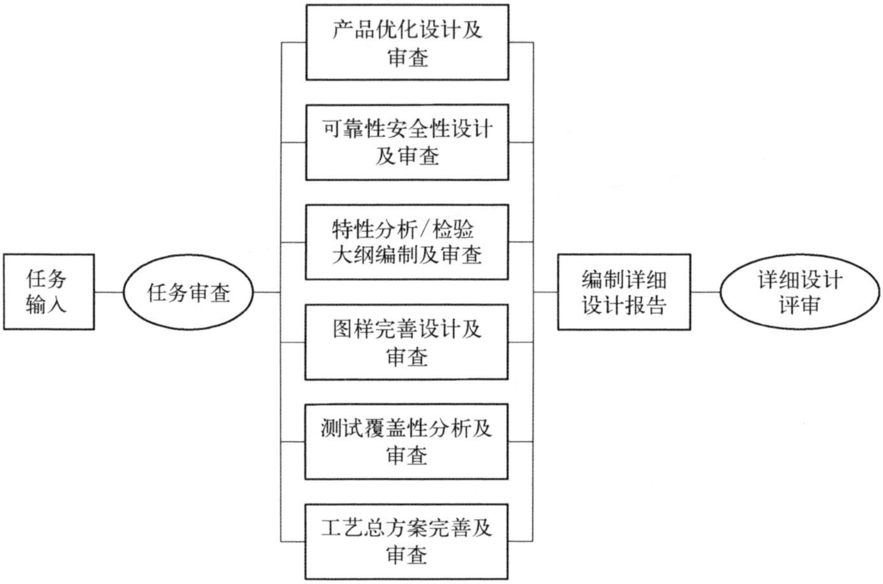

图 6－8 详细设计阶段并行工作示意图

详细设计需要总结产品试制情况，完成可靠性安全性设计、特性分析、可测试性分析和工艺总方案等工作，优化设计参数，完善 BOM 构建和产品设计；完成图样审查、BOM 审查、设计评审、实物检查等方面检查设计要素落实情况；开展产品实物投产和试验验证，确定并固化产品状态。

以飞轮产品为例。某型号任务核心产品之一是我国首次研制的大力矩飞轮，它是卫星最重要的惯性执行机构，其输出是常规飞轮最大输出力矩的 5 倍。该产品具有功率密度大、瞬态热耗大、频繁变速、寿命长等特点和难点。

大力矩飞轮产品启动研制时，通过开展产品立项策划，确定了方案设计、概要设计和详细设计三个过程的主要工作项目，包括关键技术攻关、产品工艺设计、轴承与电机试制与验证等工作项目，大力矩飞轮产品开发流程简化图如图 6－9 所示。

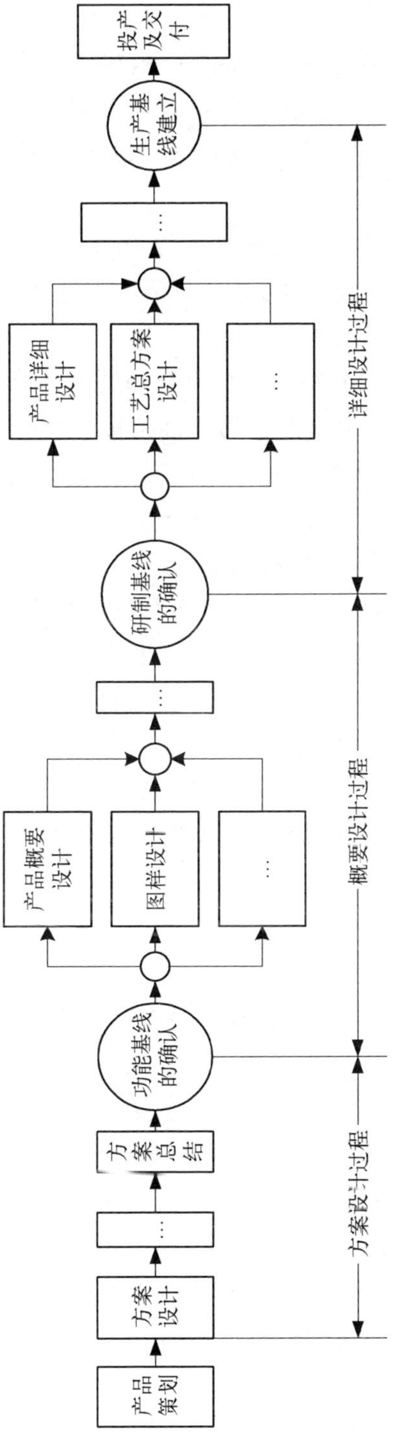

图6－9 大力矩飞轮产品研制技术流程简化图

（1）方案设计过程。在方案设计过程，产品团队将飞轮产品确定为五大组成部分，即壳体组件、轮体组件、轴承组件、电机组件和线路组件，各组件可以被单独地组装、测量及试验；各组件具有标准的安装接口，同类组件之间具有互换性；各个组件实现并行设计生产，有助于缩短开发周期并且便于质量控制。

产品团队集智攻关，确定了长寿命和大力矩输出为本产品关键技术，开展了轴承润滑与长寿命协调设计及验证、高精度加载装配设计及验证等技术攻关工作，确定了产品开发方案。

（2）概要设计过程。在概要设计过程中，通过产品指标细化分解，明确了轴承、电机、轮体和线路等组成部分的详细指标，建立了大力矩飞轮产品的指标体系。构建了产品 BOM，开展了产品数字化设计、仿真分析与研制试验等项目，保证了产品设计、工艺和验证等开发人员全过程的数据共享，实现了高效的产品设计和微循环迭代改进验证。

（3）详细设计过程。通过对概要设计过程的全面总结，对产品的降额、防静电、空间环境、装配、制造与测试等方面进行了优细化，对大力矩飞轮产品在控制精度、输出力矩等方面的设计裕度进行优化设计，确定并固化了产品技术状态，顺利完成了产品的生产与交付。

大力矩飞轮产品最终实现了一次开发成功、正样生产和使用全过程无质量问题发生、开发周期缩短近 25%、成本有效降低等开发目标，首次在轨成功应用，在轨表现优异。

6.3 宇航产品评估流程

宇航产品评估是指在产品在轨应用或重复投产过程中，通过对产品的设计、生产、应用等过程进行定期评估，发现薄弱环节，及时治理持续改进，不断提升产品质量可靠性和稳定性，推动产品实现过程从精细、精益到卓越的跨越发展，助力产品实现高质量、高效率、高效益开发。

在产品发射或者重复投产后，定期由专人牵头开展产品应用评估工作，如产品总工程师，重点从产品状态评估、产品生产线评估、产品在轨应用情况评估及产品可持续发展评估四方面开展，总结产品应用、重复投产或者治理的情况，梳理薄弱环节，明确可以提升的工作方向，作为后续产品治理工作的输入。产品评估解决了宇航产品缺乏定期体检的问题,通过定期的体检实现“治未病”。

同样,为了更好地展现流程中各工作节点的逻辑关系、厘清工作内容和明确工作责任,产品评估流程通过流程图和工作项目详细说明表两个角度进行详细阐述。

阶段流程图:按照评估阶段、治理阶段和落实阶段三个阶段确定工作项目,明确工作要求,如图 6-10 所示。

工作项目详细说明表:对各工作项目进一步详细说明,包括具体内容、实施时机、主要输入文件、主要输出文件、责任单位或责任人、协助单位或人员等,供使用者参考,如表 6-2 所示。

6.3.1 评估阶段

评估阶段是从制定评估计划开始,到评估报告评审结束,评估阶段的重点就是组织开展评估工作,输出评估结果。产品评估内容包括产品状态评估、生产线评估、在轨应用评估和可持续发展评估。产品状态评估是一次自我认识的过程,对产品的状态、薄弱环节有个全面的掌握;产品生产线评估是一次自我诊断的过程,对产品的外协情况、生产线能力等进行一次摸底;产品在轨应用评估是一次自我验证和提升的过程,对产品的在轨性能、应用方向有个全面的认识;产品可持续发展评估是一次自我规划的过程,根据对于市场需求、技术发展、供应商等因素的综合评估,对产品的更新换代有个初步的规划。

评估工作共分为三个步骤:评估策划、评估实施和评估总结。

6.3.1.1 评估策划

1. 组建评估团队

首先要成立产品评估团队。为了保证评估工作的全面性和有效性,评估团队通常是一个跨部门组建的团队,评估团队成员原则上应包括:产品总工程师、主承研部门领导、产品开发人员、工艺人员、生产制造人员、测试人员、计划调度人员、质量管理人员等。评估组长由产品总工程师担任,作为评估工作的责任人,领导并主持所分管产品的评估工作,组建产品的评估团队,确定团队成员的工作分工。表 6-3 为评估工作分工表示例。

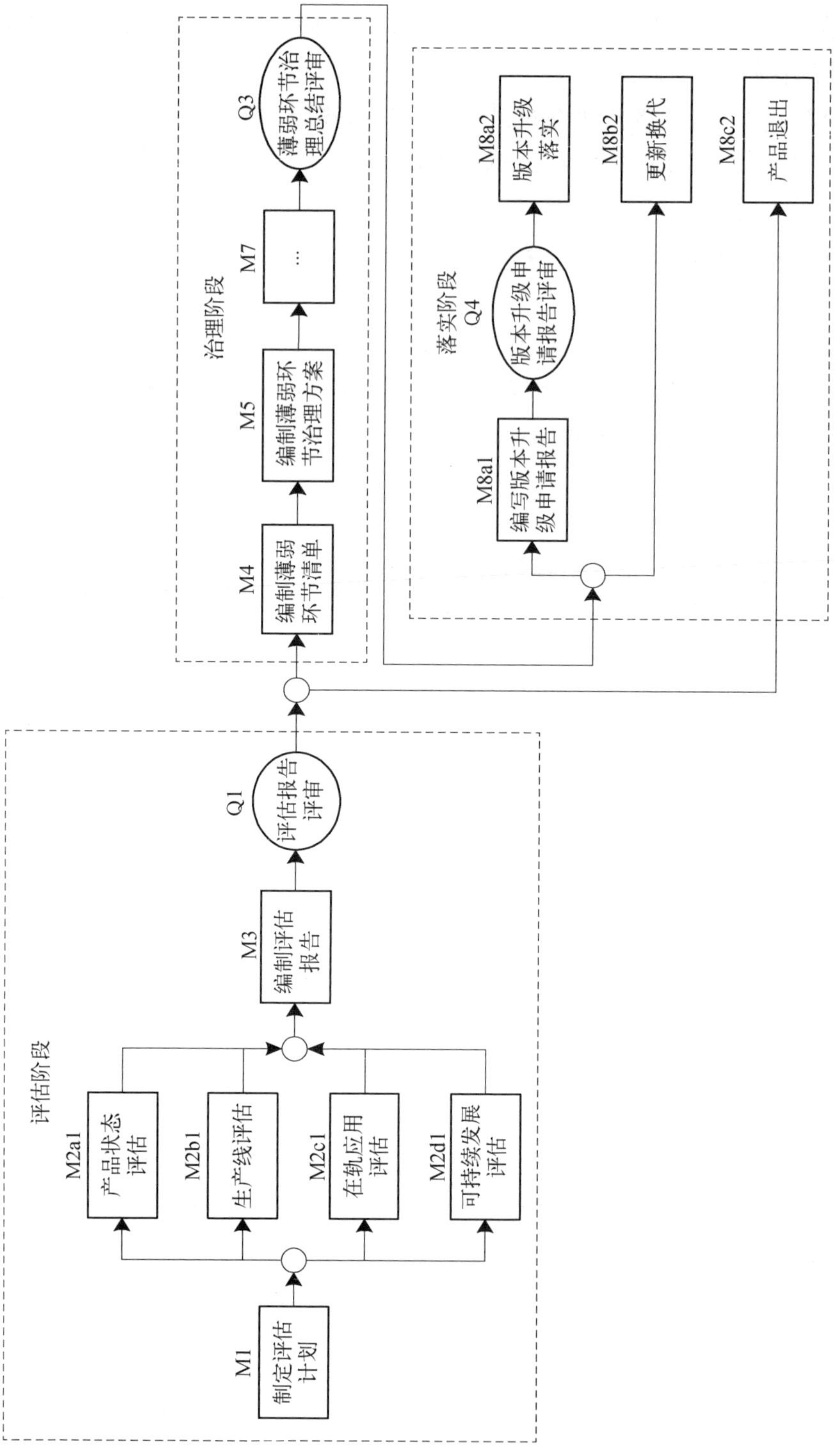

图 6－10　产品评估流程图

表 6-2　产品评估工作项目详细说明表

流程编号	阶段	工作项目	工作项目内容	实施时机	工作项目输入	…
M1	评估阶段	制定评估计划	制定年度评估记录表	年度评估之前	/	…
M2a1	评估阶段	产品状态评估	审查产品质量问题治理措施的闭环情况和技术状态变更的落实情况	评估计划制定完成后	年度评估记录表	…
M2b1	评估阶段	产品生产线评估	针对重点的生产现场，识别影响产品质量或生产稳定性的薄弱环节，进一步提高生产线质量保证能力	评估计划制定完成后	年度评估记录表	…
M2c1	评估阶段	产品在轨应用情况评估	对产品在轨运行规律进行总结，包括新研产品（含搭载）首飞后在轨数据评估、产品在轨异常情况评估等方面，通过在轨应用分析识别产品改进项目	评估计划制定完成后	年度评估记录表	…
M2d1	评估阶段	产品可持续发展评估要求	从用户需求量、产品性能指标竞争力、产品物资可获得性、产品“新旧代”更替统筹等角度综合分析，对当前产品的后续可持续发展给出明确时间规划和建议	评估计划制定完成后	年度评估记录表	…
M3	评估阶段	编制评估报告	梳理总结评估工作，编制评估报告	评估工作完成后	年度评估记录表	…
Q1	评估阶段	评估报告评审	组织评估报告所级评审，形成评审待办事项并跟踪闭环	产品研制状态评估报告编制完成后	产品研制状态评估报告	…
M4	治理阶段	编制薄弱环节清单	根据评估结果，梳理薄弱环节，纳入薄弱环节清单管理	评估报告评审通过后	产品研制状态评估报告	…
…	…	…	…	…	…	…

表 6-3 ______年度______产品评估工作分工表

序号	工 作 项 目	涉及单位	承办人
1	开展 XXX 产品所内生产线现场评估工作	XX 部门	计划调度人员
2	开展 XXX 产品外协生产线现场评估工作	XX 外协单位	外协管理人员
3	…	…	
4	编写产品研制状态评估报告	XX 部门	产品主承研部门主管领导
5	完成产品研制状态评估报告所级评审	XX 部门	质量管理人员
意见审批栏			
组长签字			

2. 制定评估计划

制定评估工作的主要里程碑事件及开展时间，保证各项工作按计划开展。表 6-4 评估工作里程碑事项表，包含工作项目、起始时间、主要负责人等内容。

表 6-4 评估工作里程碑事项表

序号	工 作 项 目	起始时间	主要负责人
1	制定本年度评估工作计划、外协生产线评估工作计划	xx-xx-xx 至 xx-xx-xx	xx
2	开展 XXX 产品所内 XX 生产线现场评估工作	xx-xx-xx 至 xx-xx-xx	xx
3	开展 XXX 外协生产线现场评估工作	xx-xx-xx 至 xx-xx-xx	xx
4	……	xx-xx-xx 至 xx-xx-xx	xx
5	编制产品研制状态评估报告	xx-xx-xx 至 xx-xx-xx	xx

6.3.1.2 评估实施

评估实施主要从四个方面开展，包含状态评估、生产线评估、在轨应用评估及可持续发展评估。

1. 状态评估

以技术状态变更和质量问题为抓手开展评估工作。

1）技术状态评估

以上一年度产品状态为评估基线，审查本次评估周期内技术状态变更的开展及落实情况，识别状态变化可能产生的风险。表 6－5 为技术状态更改论证落实评估表模板。

表 6－5　技术状态评估表

序号	产品名称	产品代号	评审时间	更改报告名称及存档号	更改落实文件名称及存档号	信息化相关要素落实	更改后产品质量情况	遗留问题

2）质量问题评估

梳理本类产品本次评估周期内的质量问题发生和落实情况，对全部问题进行综合分析，寻找共性问题，识别潜在风险。表 6－6 为质量问题评估表模板。

表 6－6　质量问题评估表

序号	产品名称及代号	发生时间	质量问题名称	问题概述	问题定位	问题原因	责任单位	纠正措施	措施落实文件及编号	举一反三情况	遗留问题

2. 生产线评估

生产线评估需覆盖加工与装配、调试测试等重点环节生产现场，以及核心外协组件和关键外协环节等重要外协生产现场，重点从以下几个方面开展，表 6－7 为生产线评估表示例。

（1）生产基线执行：结合现场生产情况，依据相关生产基线报告，审查人、机、料、法、环等要素的变化情况，及时识别风险项目及薄弱环节。

表 6-7 生产线评估表示例

生产线负责单位：				产品调度：						
序号	方面	评估要素	检查条目	涉及文件	涉及现场	问题描述	拟解决措施	责任人	落实计划	责任单位
1	生产基线执行	结合现场生产情况，依据相关生产基线报告，审查人、机、料、法、环等要素的变化情况	操作人员进行培训考核，合格后方可持证上岗	《岗位培训情况记录表》及上岗证	XX	符合要求	不涉及	/	/	/
2	生产线质量管理	对发生过质量问题的环节进行现场重点审查，关注纠正措施的实际落实效果（工艺文件、实操过程、检验依据等），识别产品风险项目	重点审查质量问题单据及举一反三的关联单据	《XX 问题分析报告》《XX 产品详细设计报告》	XX	符合要求	不涉及	/	/	/
3	工艺方面	…	…	…	…	…	…	…	…	…
4	加工装配方面	…	…	…	…	…	…	…	…	…
5	检验方面	…	…	…	…	…	…	…	…	…
6	调试测试方面	…	…	…	…	…	…	…	…	…
7	外协	…	…	…	…	…	…	…	…	…
	评估组组长（签署）									
	评估组成员（签署）									

（2）生产线质量管理：对发生过质量问题的环节进行现场重点审查，关注纠正措施的实际落实效果（工艺文件、实操过程、检验依据等），及时识别风险项目及薄弱环节。

（3）工艺方面：重点审查工艺不细化不量化、工艺可操作性差、产品禁限用工艺选用等问题，及时识别风险项目及薄弱环节。

（4）加工装配方面：重点审查产品可制造性差、可装配性差，产品合格率低等问题，及时识别风险项目及薄弱环节。

（5）检验方面：重点审查产品检验方法不合理、检验工具不符合要求、检验结果记录不规范、关键/强制检验点控制情况等问题，及时识别风险项目及薄弱环节。

（6）调试测试方面：重点从测试覆盖性、测试方法是否合理等方面审查，及时识别风险项目及薄弱环节。

（7）外协方面：重点审查外协供方选择是否符合相关要求、对外协产品的检验验收情况等。

3. 在轨应用评估

对本次评估周期内，对相关规格产品的在轨数据开展综合分析，包括新研产品（含搭载）首飞后在轨数据分析、典型通用产品定期在轨数据分析、风险产品定期在轨数据监控和预警、异常问题触发的在轨数据分析等内容，通过综合分析识别产品改进项目。表 6－8 为产品在轨应用评估表模板。

表 6－8　产品在轨应用评估表模板

序号	产品名称	产品代号	首飞时间	在轨应用型号	在轨飞行数量	在轨应用评估报告名称

4. 可持续发展评估

（1）从近期产品订单情况、型号立项预测等方面开展产品需求趋势分析。

（2）结合产品需求趋势分析，从产品性能指标竞争力、产品物资可获得性、产品“新旧”更替等角度，对产品可持续发展前景进行分析，初步给出当前产品可持续发展的时间规划和建议。表 6－9 产品生命周期规划及后续开发计划（示例）。

表 6-9　产品生命周期规划及后续开发计划(示例)

序号	产品	产品可持续发展前景	预计的里程碑事件时间规划			全周期产品数量(含预估)
1	产品 1	逐步退出	XXXX 年,针对前期质量问题、通知单闭环要求完成版本升级	XXXX~XXXX 年逐步退出	…	全周期共计 XX 台左右
2	产品 2	主流推广	XXXX ~ XXXX 年推广应用,应用目标 XX 型号、XX 型号等	XXXX ~ XXXX 年推广应用,应用目标 XX 型号、XX 型号等	…	…
3	产品 3	新规划产品	预计 XXXX 年开始开发,应用目标 XX 型号等	预计 XXXX 年完成开发	…	…
4	…	…	…	…	…	…

6.3.1.3　评估总结

从产品状态控制、产品生产线、产品在轨应用、产品可持续发展四个方面,分析存在的不足,分别形成四个方面的评估结论。将四方面评估中产生的待办事项进行汇总,形成表 6-10。

表 6-10　待办事项汇总表模板

序号	评估环节	治理方式	改进项目	整改措施及计划	责任单位	责任人	计划完成日期	完成情况
1	■ 状态控制评估 □ 生产线评估 □ 在轨应用评估 □ 可持续发展评估	□ 薄弱环节治理 ■ 生产基线升级 □ 立行立改 □ 其他	XX 产品的配置评审和发布	1. xx-xx-xx, 组织评审; 2. xx-xx-xx, 发布配置。	xx 部门	xx	xx-xx-xx	进行中

续 表

序号	评估环节	治理方式	改进项目	整改措施及计划	责任单位	责任人	计划完成日期	完成情况
2	□ 状态控制评估 ■ 生产线评估 □ 在轨应用评估 □ 可持续发展评估	□ 薄弱环节治理 □ 生产基线升级 □ 立行立改 ■ 其他	优化焊接间接地安全	对地面进行升级改造	xx 外协单位	xx	xx-xx-xx	进行中
3	…	…	…	…	…	…	…	…

通过产品评估工作，从设计、生产、应用、需求等不同维度对产品进行了全面体检，及时发现存在的薄弱环节，持续开展改进及优化，将产品应用评价方式由原来的产品级问题驱动、离散形式转变为组织级统筹规划、系统评估的形式，以更好地发现不同时间维度和不同规格产品间的共性规律，开展深层次治理，提前规避风险，为产品健康发展指明了方向。

6.3.2 治理和落实阶段

治理阶段的工作重点是根据评估阶段发现的薄弱环节，集中力量进行攻关治理。

薄弱环节是指开发完成后，产品存在的、涉及产品主要功能性能、合格率和质量稳定性、过程控制质量隐患等方面的问题。

为了提高薄弱环节治理的效率，按照薄弱环节对产品产生的最终影响的严重程度，将其进行分级管理，并有针对性的制订管理和治理措施，表 6－11 给出了薄弱环节的一种分级方式示例。

薄弱环节的治理成果应落实在产品上，根据技术状态变化大小，可采取版本升级或更新换代的方式。为加强薄弱环节治理工作成果的落实与应用，一方面对于已验证有效的治理成果要及时更新产品图纸、工艺、测试等生产依据性文件，确保治理成果能够及时实现工程应用；另一方面，应系统梳理通过薄弱环节治理升级换代的产品，及时向用户推广应用。

表 6-11　薄弱环节分级示例

等级	定　义	影响因素
Ⅰ级	发生过质量问题归零，或影响产品主要功能、性能，会导致严重失效或批次质量问题，需要开展专项攻关或专项课题的薄弱环节	极限能力验证不充分、寿命验证不充分、禁限用工艺、禁限用材料、材料匹配性差、工艺鉴定不充分、工艺存在隐患、多余物问题等
Ⅱ级	不影响产品主要功能、性能，但影响生产产能或生产稳定性，可视情况开展专项攻关或专项课题的薄弱环节	可制造性/装配性差、可验证性差、合格率低/一致性差、产品工艺可操作性差、工艺窗口窄、测试覆盖性不全、存在不可测项目、测试设备适应性差、检验方法/测试方法不合理、检验工具不符合、关键尺寸无法实测等

6.4　小　　结

在宇航产品开发流程的基础上，构建宇航产品全生命周期管理流程，实现从产品需求至产品退出的端到端流程管理，有效指导并确保各类标准规范实现常态化实施，更好地实现管理、监控和协同。本章详细介绍了宇航产品开发流程和评估流程的阶段划分、工作项目及相应的工作要求。

第七章　知识管理

知识是企业的核心资源，知识必将成为企业发展的核心竞争力，这已经成为一种共识。一项对 80 家美国大企业的调查表明，80%的企业认为知识管理已经成为企业战略的重要组成部分。有经济学家提出，成为经济核心的产业都将知识与信息的生产与传播作为核心业务，而不是物质。企业的产品是知识的外在体现，真正的产品是知识。

宇航企业是从事航天器研制的高科技、知识密集型企业，经过了几十年的积累，形成了大量宝贵的宇航产品设计、生产知识和经验。如何沉淀和传承企业宝贵的知识与经验，如何使新员工能够快速进入角色，如何提升已有知识的价值，如何利用知识提高用户满意度，如何保持既有优势、适应未来复杂的竞争环境，科学高效的知识管理至关重要。所以，宇航企业需要建立知识积累、共享和创新的机制，避免知识尤其是隐性知识因人员流动而流失，促进知识在使用过程中得到提升与创新，避免同样的研究重复投入、同样的错误重复出现，从而提升产品和企业的核心竞争力。

7.1　知识管理简介

7.1.1　知识的内涵

古希腊哲学家柏拉图将知识定义为：被确证的真实的信仰（justified true belief）。在 GB/T 23703 知识管理国家标准中，知识定义为通过学习、实践或探索所获得的认识、判断或技能。美国管理学家罗素 · 艾可夫提出的 DIKW（data-information-knowledge-wisdom）金字塔模型中（图 7－1），将数据、信息、知识和智慧作为金字塔的四个层级，每一层级都有自己的特质，而且都比下一层赋予了新的特质，从数据中提取信息，在信息中提炼知识，将知识转化为智慧，完成“数据→信息→知识→智慧”的转化，形成基于知识的科学决策能力，支撑数据驱动的认知闭环。

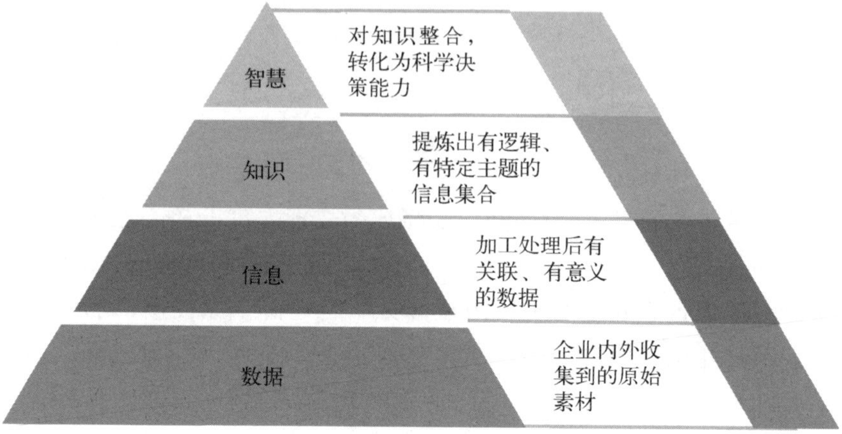

图 7-1　DIKW 模型

“数据”是客观事物及其性质和状态的记录，包含通过人的感官或仪器获得的文本、数字、事实或图像，是最原始的记录。在孤立和分散状态下，数据通常不具备特定的意义，即数据仅仅代表数据本身，并不包含数据潜在的意义。例如，某款产品生产了 1 000 台，共发生 200 个质量问题，数据“200”仅仅就是实际的数据，本身没有意义，不能代表任何含义。

通过某些方式组织和处理数据，分析数据之间的关系，数据就变成了“信息”，就有了意义。信息体现了数据之间的联系，反映了“因果关系”。例如，通过对上面 200 个质量问题进行分析，60% 的问题是设计问题，30% 的问题是生产问题，10% 的问题是用户使用不当问题，这些就属于信息。

“知识”是信息的集合，是对信息的应用，是对信息判断和确认的过程。经过筛选的信息，具有明确的目的和作用。知识是从信息中过滤、提炼及加工而获得的，它体现了信息的本质、原则和经验。此外，知识是基于推理和分析的，由此可以产生新的知识。例如，基于前面 200 个质量问题及问题分类，就可以确定不同质量问题对于产品影响的大小、处理的优先级、处理措施等。

在知识的基础上，经过经验、阅历、见识的积累，形成了对于事实更加深刻的认识和远见，就属于“智慧”。“智慧”是人类特有的一种能力，是对知识的收集、加工、应用和传播的能力，以及对事物发展前瞻性的看法。智慧关注的是未来，是利用已有的知识理解过去未曾理解、过去未做过的事情。例如，通过对产品质量问题影响的认识可以识别质量改进点，优化产品设计、提高产品生产能力、组织用户使用培训，并形成可供后续产品设计、生产或者使用的参考依据。

7.1.2 知识管理的内涵

美国生产力和质量中心对知识管理的定义是：知识管理应该是组织有意识采取的战略，它保证能够在最需要的时间将最需要的知识传送给最需要的人。这样可以帮助人们共享信息，并进而将之通过不同的方式付诸实践，最终达到提高组织业绩的目的。被誉为知识管理奠基之父之一的卡尔-爱立克·斯威比博士(Karl-Erik Sveiby)认为知识管理是利用组织的无形资产创造价值的艺术。知识管理就是将企业的知识结构化、具象化并实现共享的管理，以提高企业应变能力和创新能力，提升企业的核心竞争力。

20世纪70年代后期，随着信息技术的快速发展，知识工程的概念逐渐被引入。在《知识工程与创新》中将知识工程定义为，依托IT技术，最大限度地实现信息关联和知识关联，并把关联的知识和信息作为企业的智力资产以人机交互的方式进行管理和利用，在使用中提升其价值，以此促进技术创新和管理创新，提升企业的核心竞争能力，推动企业持续发展的全部相关活动[18,19]。

在理论研究层面，知识管理是从管理学的角度出发，以无序知识有序化、泛化知识本体化、隐性知识显性化为目标，主要内容包括知识转化与知识有序化，注重人与人之间的知识传递，建立供人使用的知识库，重组织轻技术是知识管理的典型特征；知识工程是从工程学的角度出发，以最大化地利用现代化工具实现知识获取和应用为目标，主要内容包括知识获取、知识标识与知识利用，关注技术的实现，建立供信息系统使用的知识库，重技术轻组织是知识工程的典型特性。

在实际应用时，知识管理和知识工程其实是一个整体，知识管理的重心在于知识基础建设，而知识工程强调知识应用实践。只有将二者有机结合，才能全面覆盖企业对于知识资产的需求，才能真正实现知识驱动。

结合宇航产品的特点，将知识、人员、流程有机地结合起来，通过信息化系统建立知识、人员、流程与产品开发活动之间的关系，将知识、人员、流程和关系作为宇航产品知识管理的基本元素进行管理和控制。在管理方面，涉及知识分类、识别与确认等方面的管理规范；在技术方面，涉及知识的智能处理、智能搜索等领域的技术方法；在应用方面，涉及企业的开发体系、开发流程及开发文化等个性化因素。通过知识管理，规范地常态化收集、提取和管理知识，为使用者提供必要的便捷途径，助力企业形成核心价值资产，提升企业的价值创造效率。

7.1.3 知识管理与产品开发的关系

产品开发包括需求分析、产品立项、方案设计、详细设计、试验验证等过程，每个过程都需要大量的知识，如何获取和应用产品开发所需的知识，如何积累知识，如何维护更新，直接关系到产品的成败。产品开发过程的管理实际上就是以知识应用为中心的知识管理。

1. 知识管理为产品开发提供知识支撑

在产品开发过程中，开发人员不断地获取知识、运用知识、创造知识，并将其运用到产品开发过程中，产品开发的成功取决于能否有效地综合运用各种知识。知识管理将所有与开发有关的知识进行梳理归类，并与开发活动相关联，为开发人员提供直接、有效的知识支撑，减少由于开发人员素质和经验的不足而引起的产品缺陷。

2. 知识管理为产品开发沉淀知识和培训人才

在产品开发过程中，鼓励将个人创意、成功经验、失败案例归纳总结，进行必要的验证和评价，将隐性知识显性化，将分散知识体系化，将个人知识组织化，实现持续的知识更新和价值提升。同时，开发人员可以便捷地获取知识，站在巨人的肩膀上快速成长，而不必独自摸索，重走前人的老路甚至错路，浪费大量宝贵的时间和资源。

3. 知识管理促进技术创新与产品创新

技术创新的基础是知识创新，体现在产品创新上，所有创新都离不开知识的支撑。通过知识管理，使开发人员可以参考各领域专家的思维范式，掌握创新理论和规律，为开发人员提供创新的想象空间，启发开发人员生成新的创意和方案，帮助企业产品和技术的持续更新升级，同时新知识的产生，会再次推动产品和技术的创新。

7.1.4 宇航企业知识管理现状

宇航企业内产品和技术开发所使用的经验、创意、原理、方法、规则等知识，是企业级资产的重要组成部分，是企业的宝贵财富。如何让知识更好地服务于企业，实现知识的传承和增值，是企业管理中非常重要的一项工作。宇航产品因其高可靠性、长寿命、复杂应用环境等特殊需求，对于以往成功产品的继承和改进尤为重要。因此，通过熟悉知识和掌握产品的发展历程，了解前人做了什么、是怎么做的、做到了什么水平是非常重要的。宇航企业已经开始了知识管理的探索与尝试，并取得了一定的成绩。

1. 知识资源分类

宇航企业已经积累了大量宝贵的宇航产品设计、生产知识和经验。按照知识的内容可以分为五个层级，如图 7－2 所示。

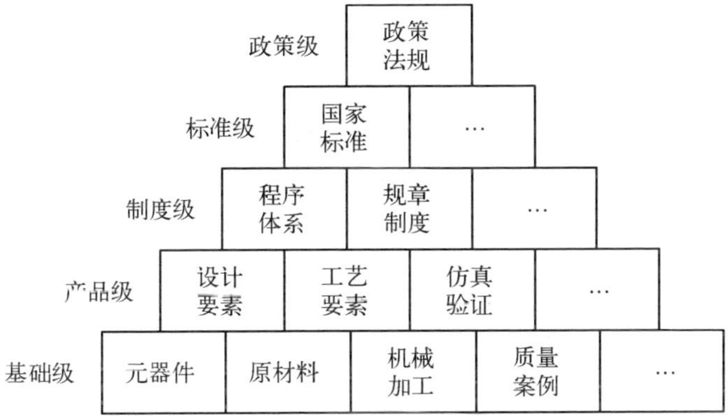

图 7－2　知识分类示意图

（1）基础级知识：宇航产品设计、生产过程中所涉及的基础、共性知识，如元器件、原材料、机械加工等方面的知识。

（2）产品级知识：跟某类产品设计、生产密切相关的知识。

（3）制度级知识：包括企业的程序文件及其衍生的规章制度，由基础级和产品级两个层级的知识提炼得到，具有更强的指导性和约束性。

（4）标准级知识：包括国家层面、行业层面的标准规范等。

（5）政策级知识：包括国家层面、行业层面的政策法规等。

从知识的数据类型分析，主要的数据类型包括：Word 文档、Excel 文档、PPT 文档、Visio 流程图、PDF 文档、2D 图纸、3D 模型、图片等。

2. 知识共享概况

宇航企业内知识的收集共享一般由相关部门分别负责开展职能范围内的知识的收集共享,如由质量部门牵头开展质量问题的收集和共享工作,由工艺管理部门牵头开展工艺知识的收集和共享工作。产品部门由技术骨干对部门内部的知识进行收集、更新和管理。

3. 知识应用情况

开发人员根据产品需要,利用既有的信息化系统进行知识的检索和查询,主要包括:规章制度、设计标准和规范、技术文件、质量案例等。

产品研制部门利用公共服务器空间,按产品结构或专业知识类型建立部门内部的知识资源库,供部门内部人员快速浏览和参考。

此外,开发人员通过多年工作,积累了大量专业领域的知识资源,这些知识资源通常根据个人的习惯简单组织后储存在个人电脑中,供个人使用。

由于知识具有隐性和离散性的特点,管理难度较高,目前,很多宇航企业还未能形成一套系统、完整的知识管理体系,还存在以下不足:

(1) 总结和提炼后的知识(文件报告)堆放在文件柜或档案库里"睡大觉";

(2) 知识缺乏挖掘与梳理(显性化);

(3) 挖掘出来的知识缺乏良好的知识表达(标准化)和知识组织(结构化);

(4) 知识零散分布,不成系统,无法集中与分享;

(5) 总结出来的知识没有得到有效利用,A 部门已经解决过的问题,可能又要在 B 部门重新解决一次,造成人力、物力和资金的浪费。

进入知识经济时代,已有的知识管理模式已经不能适应当今的竞争态势,而且极易造成企业知识的大量流失。所以,宇航企业需要创造一种良好环境,让全体开发人员能依靠企业知识形成个人知识,并支持、鼓励将个人知识贡献到企业的产品和服务中,最终提高企业的创新能力和对市场的响应速度。

宇航企业在开展知识管理的过程中,应注意以下三方面内容。

(1) 系统性:全面包含设计、工艺、元器件、材料等宇航产品开发所涉及的知识要素。

(2) 实用性:注重以问题为导向的知识要素提炼,提升知识要素应用场景的适用性。

(3) 持续性:形成持续应用和持续更新的机制,促进知识管理体系不断完善。

为使企业内能够按照统一的流程规范开展知识管理，需要按照标准化思想，制定一系列的工作流程规范，具体包括：

（1）组织保障，也就是要明确宇航企业内知识管理的责任人和责任部门，同时相关部门也要明确部门内部的负责人员和职责；

（2）监督与考核激励制度，有监督、有激励才能更好地推行知识管理工作；

（3）标准的知识模板，根据企业内部的知识体系，定义产品的知识模板，即统一的知识表达形式，并指导产品开发人员开展知识收集活动确保收集知识条目的结构化及全面性；

（4）知识定义、范围、颗粒度与分类规则，企业要结合自身的实际情况，恰当确定知识分类的粒度和维度，以求更加准确地反映企业内部知识资源的真实现状；

（5）知识管理规范，包括知识收集、分类、更新、评审等管理工作的基本准则、基本流程、工作时机、责任人等内容；

（6）知识库系统运行、更新及维护规范；

（7）知识应用机制，梳理宇航产品开发流程，实现知识和流程相结合，每个产品开发活动均有相关知识作为支撑，进而实现产品开发活动在依托已有知识的同时提炼新知识的良性循环。

7.2 知识管理过程

知识管理之所以能够提高产品开发管理水平，最重要的原因是知识与产品开发活动关联后实现“知识找人”，就是在恰当的时候为恰当的人员提供恰当的知识，为产品开发过程中出现的问题提供经过验证的、可实施的解决方案，根据产品开发人员的需求提供可行的技术支持，形成“数据→信息→知识→智慧”的认知流。GB/T 23703 知识管理国家标准中，将知识管理分为知识鉴别、知识创造、知识获取、知识存储、知识共享和知识应用六项活动。

（1）知识鉴别。知识鉴别就是根据知识管理和应用目标，分析知识需求，包括现有知识和未来可能需要的知识，知识鉴别是知识管理关键性的工作。

（2）知识创造。知识创造是知识管理中知识创新活动，通常是结合产品、技术或服务创造过程同步开展，知识创造过程不局限于研发部门。

（3）知识获取。知识获取既包含对企业内部已有知识的整理积累，也可以通过兼并、收购、购买等方式直接在某个领域获取所需要的知识，或有针对性地引入外部人才。

（4）知识存储。知识存储既可以在企业中建立知识库，将知识存储于知识库中，也可以将知识存储在企业的活动程序中。

（5）知识共享。通过信息系统查询、培训、研讨或其他方式，促进知识在企业内部转移、传递和交流，将个人或部门的知识扩散到企业层级。

（6）知识应用。知识应用是知识活动价值增值的环节，也决定了企业对知识的需求，是知识鉴别、创新、获取、存储和共享的起始点和目标点。

知识鉴别可以结合产品规划活动开展，已在第二章详细阐述，知识创新可以结合产品和技术开发活动开展，已在第三章和第四章介绍。本节重点介绍知识获取、存储、共享和应用的内容。

本节将结合宇航产品工程化设计要素的内容介绍知识管理过程。

宇航产品的全周期相关过程可描述为：用户需求识别与分析、产品设计、产品制造（及装配集成）、产品验证、产品交付、产品飞行。通过将宇航产品全周期各过程进行系统解析，形成了包括可制造性设计（design for manufacture，DFM）、可装配性设计（design for assembly，DFA）、可验证性设计（design for verification，DFV）、协调性设计（design for compatibility，DFC）、环境适应性设计（design for environment，DFE）的宇航产品工程化设计要素集[2]，上述各项技术与宇航产品全周期的关系如图7－3所示。

产品开发人员在设计阶段应识别宇航产品全生命周期内质量控制、研制周期和生产成本等方面的风险。通过知识有效识别与高效应用，结合流程优化和数字化平台等工具优化产品设计，最终既能够满足宇航产品复杂的功能、性能指标和严苛的可靠性要求，又能够低成本、柔性化加工制造和验证，不断提升宇航产品的市场竞争力。

（1）DFM：在产品设计阶段考虑并解决制造过程可能存在的问题，产品开发人员/工艺人员通过对某一零组件的不同材料和不同工艺的选择，对不同制造方案进行制造时间和成本的估计，比较各种方案并改进设计，使零组件的设计尽可能简单可靠，能够高效、低成本地进行制造。

（2）DFA：在产品设计阶段考虑并解决装配过程可能存在的问题，实现

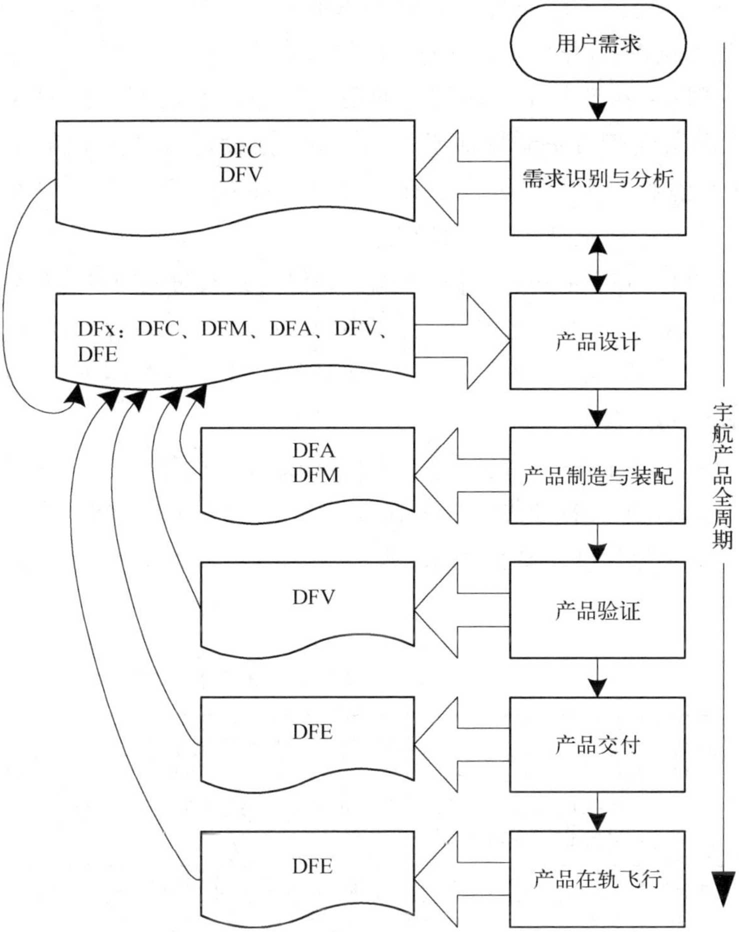

图 7－3　宇航产品工程化设计要素集框图

产品快速、高效、低成本地进行装配。产品开发人员/工艺人员应充分考虑产品装配环节及其相关的各种因素，在满足产品性能与功能的条件下改进产品的装配结构/接口，使设计出的产品是可以装配的，并尽可能降低装配成本和产品总成本。

（3）DFV：在产品设计阶段考虑并解决验证过程可能存在的问题，首先要求从设计角度建立完整的指标体系，覆盖产品、组件、零件与材料等各个层级，覆盖制造、装配、检验、测试与试验等全部工序；同时要从设计角度保证全部指标，以及功能特性、质量特性及故障模式可验证，设计时需考虑“能否验证”、“何时验证”及“设计能为验证提供什么便利”。强调通过设计优化使材料/元器件、零组件到产品各阶段的检验、仿真、测试等验证项目能够充分覆盖指标要求,并且能够方便和高效实施。

(4) DFC:从产品全生命周期的角度考虑产品所有功能模块的设计细节,从而完成产品功能界面设计、模块特征设计与零件特征设计等工作,在设计过程中要求开发团队充分考虑产品对外及内部模块间的功能协调性、兼容性和互换性等设计理念。

(5) DFE:在产品设计阶段,考虑并确保在其寿命期内可能遇到的各种环境条件作用下,产品所有预定功能和性能不被破坏。产品开发人员应充分考虑所有应用环境、工作工况、寿命末期性能要求等各因素,确保产品全生命周期内满足要求。

结合宇航产品特点,兼容质量、进度和成本各因素,分类定义工程化设计要素的原则,推进各项设计要素在设计开发工作中的具体落实。表7-1为宇航产品工程化设计要素通用原则示例,作为工程化设计要素收集、使用的依据。

表7-1 宇航产品工程化设计要素通用原则(示例)

序号	分类	工程化设计要素通用原则
1	协调性设计(DFC)	产品内部模块应具有功能协调性,避免因某一指标要求过高而造成另一指标无法实现
2		产品接口设计应具有兼容性,以便更好地适用不同任务的接口需求
3		产品模块设计应具有互换性,避免选配导致模块间反复验证匹配性,提高效率
4		…
5	可制造性设计(DFM)	设计应考虑产品生产的可实现性。尽量选择已有或标准的工艺、材料和元器件,相关物资具有较好的可获得性
6		设计应考虑产品实现工艺的可靠性。对于新选用的工艺、材料和元器件,应开展相关验证和审批,由相关部门确认
7		设计应考虑产品实现的成本控制。如按照产品需求选择合适的零件精度,避免盲目追求高精度要求;尽量多采用标准件等,缩短加工周期,避免物资浪费
8		…

续 表

序号	分类	工程化设计要素通用原则
9	可装配性设计(DFA)	设计应考虑产品装配的可实现性。结合装配工序合理设计,减少装配的难度,必要时在设计过程中开展数字化模拟装配
10		设计应考虑产品装配的可操作性。在产品设计时应考虑人机工程学,确保操作界面友好
11		对于有拆卸调试等特殊要求的产品,应具有较好的可拆卸性
12		…
13	可验证性设计(DFV)	关键特性的指标应量化,以便可检可测。若仅以好、符合等进行模糊判定,则验证时的可操作性差
14		产品的参数(如时间、空间、光、声、电等)应易于测量
15		测试接口应具有通用性,降低测试成本
16		…
17	环境适应性设计(DFE)	考虑研制生产环境对产品的影响。如考虑产品生产环境的洁净度,转运过程的防护和温湿度等对产品性能的影响
18		考虑发射过程环境对产品的影响,如考虑发射过程的振动等力学环境的影响
19		考虑空间环境对产品的影响,如考虑空间单粒子效应对电子产品的影响
20		…

7.2.1 知识获取

知识获取应当全面了解企业知识现状,对企业有一个良好的定位,明确建设目标。知识获取就是总结和提炼出有价值的知识。面向设计、验证、生产等宇航产品全周期过程,正向梳理设计方法和设计技巧,逆向梳理失败教训和薄弱环节,构建形成宇航产品知识要素获取的四象限架构(图 7-4)。

1. 正向构建

运用质量功能展开方法,对产品开展特性分析,对用户的需求逐层展开,将其转化为技术特征、零部件特征、工艺特征和生产控制点等开发人员容易理解的工程化特征,分析和梳理出与关键特性相关的知识。

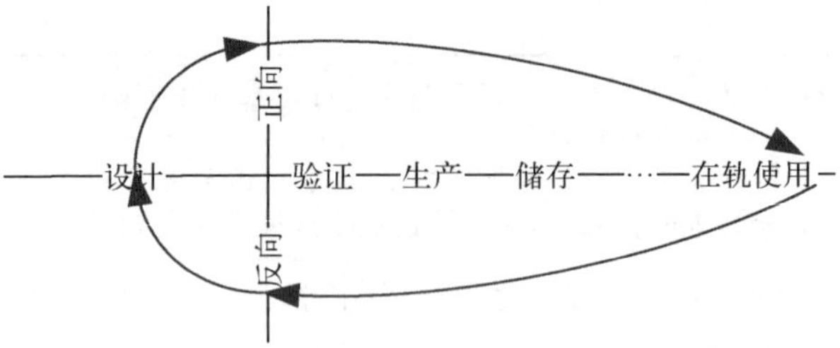

图 7－4　宇航产品设计要素获取象限构图

开展故障模式及影响分析，在产品设计和加工过程中分析各种潜在的故障对其可靠性的影响，提高产品可靠性；针对各故障模式开展故障树分析，开展故障树的建立、定性分析和定量计算，分析和梳理出与故障相关的知识。

组织行业专家、资深开发人员、工艺人员、测试人员和质量人员等进行梳理和讨论，基于相关标准和设计经验，构建技术标准或规范等，如各类产品的模块设计规范等。

2. 逆向构建

（1）质量问题和薄弱环节。结合不合格品审理、质量问题归零、质疑单等，反向梳理产品开发过程中的质量问题和薄弱环节，将设计、生产经验固化为知识。例如，机械加工等生产性部门基于现有生产工艺能力和产品实际生产情况，梳理与产品相关工艺性问题，提供给产品研制部门，由产品研制部门提炼为知识。

（2）在轨数据分析及用户意见反馈。通过产品在轨数据分析，包括异常情况分析、常规性分析及用户意见反馈，分析产品存在的薄弱环节，掌握产品深层次规律及研究方法，对产品设计、生产等方面进行完善并提炼相关知识。

7.2.2　知识存储

知识存储主要是确定知识的分类、存储和索引方式。为了便于宇航产品设计要素的应用和落实，应当按照结构化和开放性的原则进行分类管理。

1. 知识的结构化

以产品级、组件级、零件级、几何级、容差级为分级维度，从宏观到微观逐级深入，符合产品设计开发的一般思维规律，确保知识便于应用。

（1）产品级：重点关注产品的特性要求、结构方案和组件组成等。

（2）组件级：重点关注组件的特性要求、结构方案和零件组成等。

（3）零件级：重点关注原材料选用及相应工艺方法，以及零件检验。

（4）几何级：重点关注产品的几何特征的基本方位、参数范围及特征间的相互关系等。

（5）容差级：重点关注产品的尺寸精度和尺寸链精度等完全量化和准确的信息。

表 7－2 为宇航产品工程化设计要素层级分类示例。

表 7－2 宇航产品工程化设计要素（示例）

要素编号	层级	具体对象	设计准则	技术说明	分类	…
JD-CP-001	产品级	产品设计	采用模块化设计，以便于装配和验证	在保证产品性能的前提下，选取模块设计与生产	DFA DFV	…
JD-RC-001	容差级	配合设计	优先选择可拆卸的间隙配合	在满足精度要求的前提下，优先选用可拆卸的间隙配合，避免配合过紧导致无法拆卸或零件受损	DFM DFA DFV	…
…	…	…	…	…	…	…

2. 知识的开放性

（1）知识不能限制和固化设计创新思维：知识不全是强制性和约束式的检查项目。知识要有助于产品开发人员掌握相关理论和规律，启发开发人员生成新的创意和方案，不断提高创新意识和能力。

（2）知识是不断补充完善的：随着产品团队的认识不断全面和深入，以及对开发过程中发生问题的总结，需要不断补充和完善知识。

（3）知识是不断发展变化的：随着生产资源、技术水平和制造技术水平的发展，相应的知识也需要根据实际情况进行动态调整。

7.2.3 知识共享

知识共享主要是知识在不同人员、部门、区域之间的转移、传递和分享。

知识提炼形成后，核心在于应用，只有持续、广泛、全员地应用才能真正发挥知识的作用。企业可以结合自身特点定制适合的应用方式，其中结合知识的结构化提炼，利用信息化工具进行知识管理和引用是最为普遍的一种形式。

管理知识的信息化系统可以称之为知识库。通过知识库将分散的、非结构化的知识进行采集、提炼、结构化后入库管理，有效地组织和利用企业中分散的知识。

图 7－5 所示为知识库系统案例。通常说的知识库一般具备如下功能。

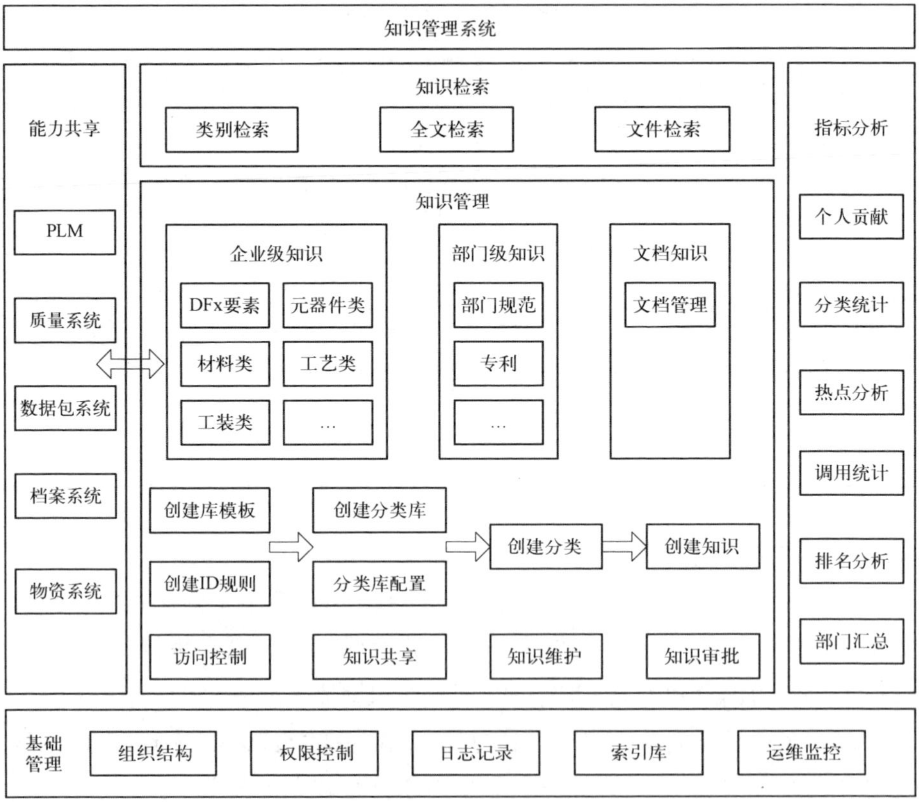

图 7－5　知识库系统案例

（1）知识的检索。知识库系统应提供搜索引擎功能，方便企业内部对于知识的应用。搜索功能适用于整个系统的所有模块，同时还可以自定义高级搜索，快捷地、准确地实现搜索定位，满足不同业务的不同需求。

（2）知识的展示。系统应具有视图设计功能，即用户在搜索后，可根据需求选择呈现形式和输出格式，方便知识的取得和再利用。

（3）知识的更新。系统可借鉴论坛的运行模式，通过与用户的互动，即使用人员可以在浏览知识后，通过评分或文字评语对知识的内容、展现形式、系统功能等进行评价，也可以对知识的补充和完善提出建议，不断提升知识和系统的可用性和好用性。

（4）知识的标准化管理。系统内的知识应按照统一格式进行编制与管理，预先设定好知识模板，供用户在编辑知识时方便调用。系统支持对“知识模板”进行修改维护，具有特定权限的用户可以对知识模板进行创建和编辑。系统支持“知识模板”的版本管理，知识模板的修订应不影响已经发布的知识。

7.2.4 知识应用

知识主要通过以下方式进行应用和落实。

（1）学习参考：供开发人员在开展产品或技术开发活动时学习和参考，对于重要的知识内容，可以通过线上考试的方式，帮助开发人员熟练掌握。

（2）图纸审查：通过产品开发过程中的图纸集同审查，对知识的落实情况进行检查。例如，图纸配置发布前，设计人员和工艺人员等产品开发团队成员开展图纸集同审查，知识的审查结果应保留记录。

（3）评审把关：将知识的落实要求纳入相关文件模板和评审证明书模板中，结合相关评审点对知识落实情况进行检查确认。

（4）系统确认：结合产品数字化开发平台，在产品设计、投产过程中，将知识的查看和检查作为强制项目嵌入流程中，强制相关人员进行查看和确认，对于不符合的情况进行说明。

结合宇航产品工程化设计要素介绍知识的使用和落实过程，可以分为三个方面。

1. 将知识融入宇航产品开发流程

宇航产品开发流程可以分为方案设计过程、概要设计过程和详细设计过程，要求产品设计从整机结构设计出发，由方案选择（方案设计）、功能模块划分和工艺路线确定（概要设计）到完善设计和参数优化（详细设计）逐步深入，将宇航产品工程化设计要素合理分布到以上“3次设计”中，在设计开发过程中分布落实、逐步深入（图7-6）。

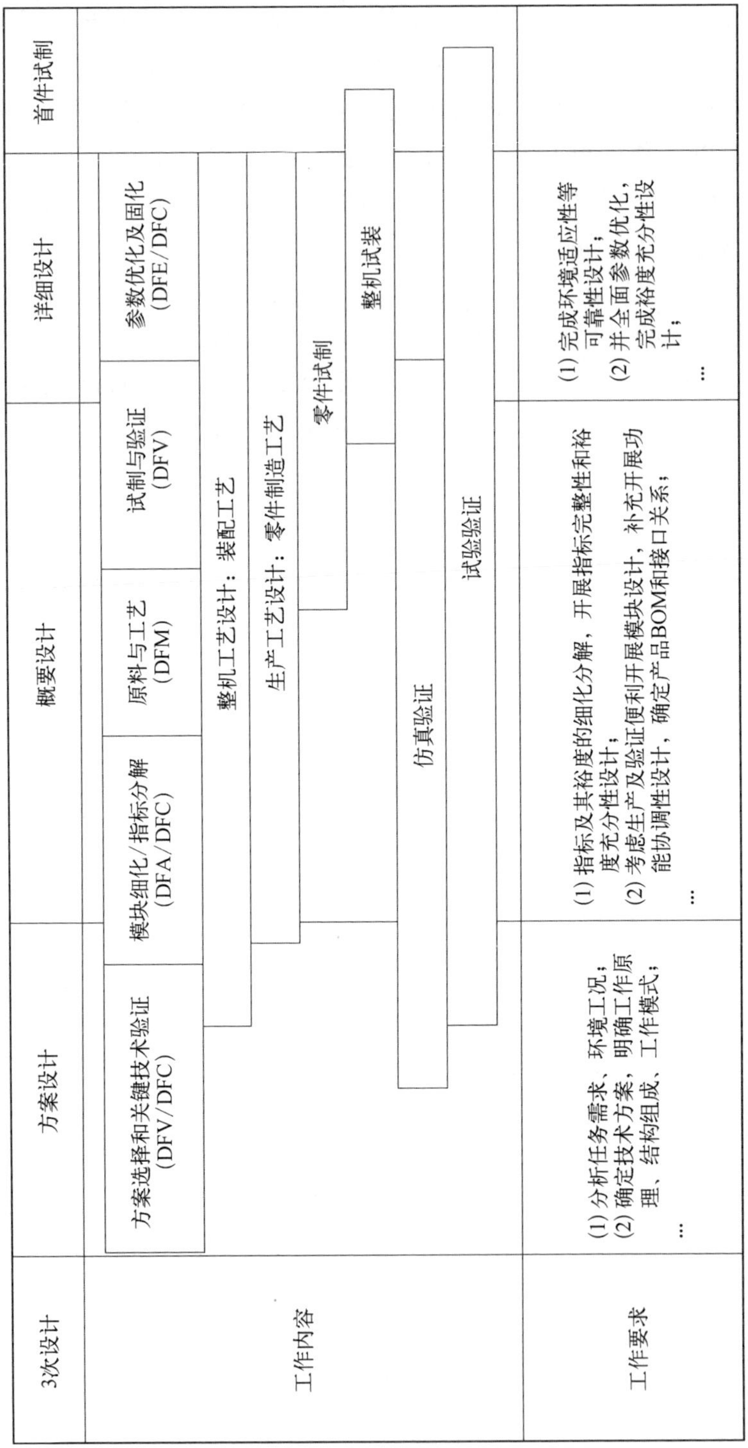

图 7－6　宇航产品工程化设计要素流程落实示意图

开发流程是业务的流转，但也是知识的流转，将知识与流程融合就是知识与业务的融合。企业拥有大量的知识，如果没有与流程融合，知识终究是放在“柜子”里的某种物品，是孤立的，就无法充分发挥知识的作用。将知识与流程融合，是“优化”，是“改造”，提升组织智商，避免错误重复发生，并触发产品创新。

按照开发流程开展知识梳理，明确流程各个工作节点的涉及的知识，包括管理要求、操作指南及失败经验教训等。将知识与工作项目关联起来，建立“流程-项目-知识”逻辑关系，将知识经验精准的呈现给相关人员，为开发过程赋能。

2. 通过评审确保知识有效落实

针对方案设计、概要设计、详细设计等里程碑评审，将工程化设计要素融入报告模板中；由质量部门组织对监视和评估结果进行分析，对相关要求及设计要素的落实情况进行逐条检查，如表 7－3 所示。

表 7－3　宇航产品工程化设计审查要素表（示例）

序号	DFx 审查要素	评价情况
1	关键技术攻关项目识别准确、完整	□ 满足　□ 基本满足　□ 不涉及
2	设计工作融合设计要素，新设计与新工艺识别有效	□ 满足　□ 基本满足　□ 不涉及
3	结构组成利于产品装配实现	□ 满足　□ 基本满足
4	原理及结构设计便于验证实施	□ 满足　□ 基本满足
5	仿真验证项目识别合理、完整	□ 满足　□ 基本满足　□ 不涉及
6	工艺鉴定项目识别充分、合理可行	□ 满足　□ 基本满足　□ 不涉及
7	…	…

3. 基于数字化设计平台实现情景式应用

采用基于产品数据管理系统的数字化设计和管理模式，构建利于虚拟装配仿真、可靠性仿真验证、工艺、测试的协同设计数字化协同平台。在统一的数字化协同平台上，完成宇航产品的数字化设计、数字化建模、数字化装配、数字化仿真验证等设计开发过程，如图 7－7 所示。

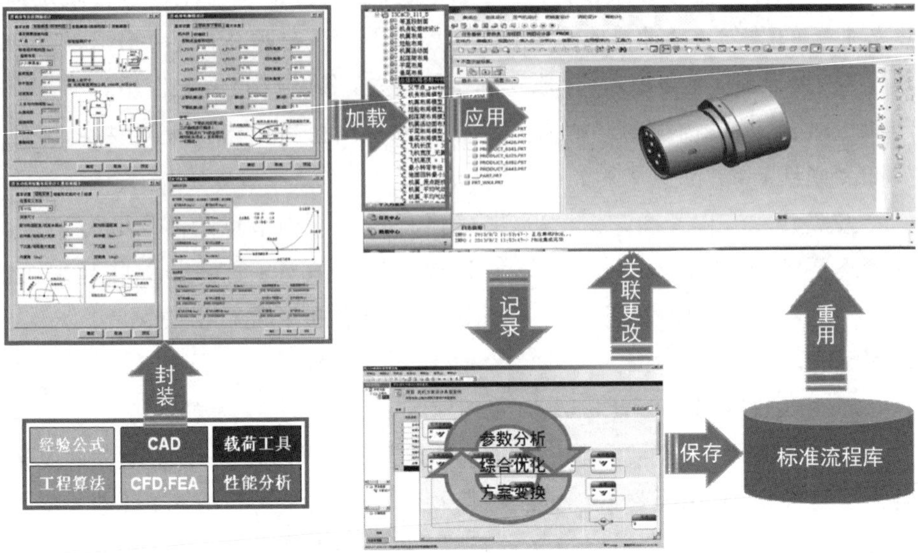

图 7－7 基于数据管理系统的产品工程化设计平台

总结起来,开发流程就像是骨架,知识库系统就像是心脏,通过知识流转途径(就像是血管)将知识按需提供给所需的部门和人员,同时搜集各部门、人员在开发过程中形成的经验和方法,并保存到知识库系统中。知识就是在这样的循环过程中得到创新性应用和发展。

7.3 小 结

本章从知识的概念出发,利用 DIKW 模型,介绍了宇航产品集成开发模式中知识管理的内涵,然后重点从知识获取、知识存储、知识共享和知识应用等方面介绍了宇航产品知识管理的内容。

第八章　产品保证

宇航产品是典型的高复杂、高技术、高风险的产品，其开发过程是一个多次开发、渐进迭代的过程，不同阶段、不同环节的技术风险存在明显差异，技术风险管控的对象、时机和重点也差异明显。产品保证的核心是技术风险的识别与控制，结合宇航产品开发特点，提炼形成与宇航产品协同设计相适应的技术风险控制工作项目，并将其合理嵌入产品开发流程，通过流程驱动产品保证实施，使产品保证活动成为产品开发过程中不可或缺的环节，从而实现各类技术风险控制要求的全面、规范、有序落实，实现宇航产品开发工作边际效益最大化、批量生产质量一致性最佳等目标。

8.1　产品保证简介

产品保证(product assurance)是在传统质量管理基础上发展而来的，重点针对高风险复杂产品，在产品设计、生产、使用全过程/全周期，通过一系列有计划、有组织的技术和管理活动，使得技术风险得到充分识别和控制，保证产品达到满意的质量要求。因此，与传统质量管理强调产品实现过程控制不同，产品保证特别重视技术风险的识别与控制，通过一套全面、细致、科学、规范的方法和程序将工程研制经验、可靠性和安全性的专业知识、风险识别与控制经验、质量意识等转化为具体的风险控制措施，通过控制措施的落实来保证高风险产品的固有质量和可靠性[1,2,20]。

8.1.1　产品保证的发展历程

产品保证发源于美国。20 世纪 60 年代，面对复杂武器装备和宇航型号任务需求，美国开始推行质量与可靠性管理，要求负责重大军事装备项目研制的承包商制定和实施质量保证大纲和可靠性保证大纲，由此拉开了产品保证的序幕。随后该管理要求在“民兵”系列导弹、F－14战斗机、“阿波罗”航天器等高技术复杂武器装备和重大宇航型号中得到了广泛应用，并取得了良好效果，也为高风险复杂项目实施质量和可靠性保证积累了丰富的经验。在此基础上，经过全面总结，美国于1986年发布了军用标准DOD－STD－2107《承包商产品保证大纲要求》，要求负责重大军事装备研制的承包商制定和实施产品保证大纲，全面推行产品保证。

20世纪80年代后期，在充分借鉴美国经验的基础上，欧洲太空局（简称欧空局）在欧洲宇航企业中开始全面推行产品保证，并建立了一套完整的工作机制。组织方面，建立了独立的产品保证部门，负责制定和实施欧空局在产品保证方面的政策、要求和标准，其工作领域涉及质量、可靠性、维修性、安全性、元器件、材料、工艺和技术状态管理；队伍方面，建立了独立的产品保证专业队伍，既是产品保证的技术权威，也是管理权威，在项目中设置了项目产品保证经理，负责该项目的产品保证工作，同时向欧空局产品保证部门汇报；标准方面，将产品保证列为ECSS系列标准四大分支之一，面向各产品保证要素建立59个标准大类，是产品保证活动最重要的支撑，成为欧洲各宇航企业间实施产品保证的基础。

欧美宇航企业推行的产品保证模式，在完成任务要求、支持项目风险管理、提高项目运行效益的统一目标下，强调对研制全过程的技术风险进行提前识别与管控，而非事后补救。相对于传统质量管理，产品保证包含了技术型管控要求，内容更加丰富。国外先进宇航企业产品保证方法所具有的技术性、风险型、精细化等基本特征，以及关注各级供方过程和细节管控的基本理念和经验，能够弥补科研生产转型环境下传统质量管理方法存在的不足，与宇航企业转型发展的基本需求是契合的。

8.1.2 产品保证要素

产品保证要素主要包括产品保证管理，质量保证，可靠性保证，安全性保证，维修性保证，电子、电气与机电元器件（简称“EEE元器件”）保证，材料、机械零件和工艺保证，软件产品保证，地面设备保证和生产阶段产品保证十要素，在每个要素下有若干涉及技术、管理的具体产品保证要求。

（1）产品保证管理。产品保证管理的目标是通过对产品保证要求落实所需要的队伍、流程、方法等进行全面、系统规划，使得各项产品保证活动得到充分、有效开展。产品保证管理的基本原则是产品保证工作贯穿于整个工程项目阶段，要落实到具体的人、具体的环节。

（2）质量保证。质量保证的目标是通过规范、有序的过程管理，让用户确信最终产品和服务满足规定的要求。质量保证的核心是将所有阶段有关软、硬件研制过程的质量控制要求具体化，在产品研制中严格落实，并形成完整、可追溯的过程记录。

（3）可靠性保证。可靠性保证的目标是确保系统/产品在规定的时间内按要求完成规定的任务。可靠性保证的核心是充分识别导致系统/产品可靠性要求不能得到满足的所有技术风险，用适当的分析和设计方法，一般包括故障模式与影响分析、潜在通路分析、最坏情况分析、可靠性建模与预计、抗力学环境设计、热设计、电磁兼容设计、防静电设计、降额设计、冗余设计、寿命设计、可靠性验证与评估等，确保可靠度指标达到规定要求。

（4）安全性保证。安全性保证的目标是确保产品不对人员生命、环境、公共和私人财产、航天器和发射架、地面保障装备和设备等构成危险。安全性保证的核心是确保对所有与宇航产品的设计、研制、生产和操作有关的安全性风险进行充分识别、评价、减少和控制，确保风险最终被消除或控制在可接受的范围内。安全性工作一般结合可靠性工作开展。

（5）维修性保证。维修性保证的目标是确保宇航产品在规定条件下和规定时间内，按规定程序和方法进行维修时，能够保持或恢复到规定状态。地面发生故障，为保持或恢复产品状态，可对产品进行拆除、更换处理等；在轨发生故障，可采取处理措施（自主复位、自主切机、软件在轨更改等）或者在轨更换与维修硬件产品（适用于载人航天器），以消除异常、恢复正常工作状态或保持稳定运行。

（6）EEE 元器件保证。EEE 元器件保证的目标是在宇航产品的整个寿命周期内，确保 EEE 元器件满足任务要求。EEE 元器件保证通常包括选择符合功能、性能、使用寿命、环境、安全性、质量和可靠性要求的元器件，根据采购规范对所有元器件进行鉴定、评价和控制，正确处理所有的不合格元器件使元器件风险减至最低限度等。

（7）材料、机械零件和工艺保证。材料、机械零件和工艺保证目标是确保材料、机械零件和工艺的使用满足任务要求。材料、机械零件和工艺保证通常包括严格选择在宇航产品全生命周期内符合特定环境条件下工作的材料、机械零件和工艺，鉴别和控制所有的新产品、关键材料、机械零件和工艺等。

(8) 软件产品保证。软件(包含 FPGA)产品保证目标是确保开发或者重复使用的软件和软件服务符合要求,特别要确保相关软件在使用环境中正常和安全地运行。

(9) 地面设备保证。地面设备保证的目标是确保用于宇航产品研制的地面设备具有正确的状态,能够满足宇航产品研制需求且不影响宇航产品安全。地面设备保证通常包括选择合理的电气支持设备、机械支持设备配置方案,实施规范的验收程序;对地面设备进行计量和检测,使设备使用处于良好的状态之下等。

(10) 生产阶段产品保证。生产阶段产品保证目标是确保影响宇航产品关键/重要特性实现的技术风险得到充分识别,及影响关键/重要特性实现的关键环节得到有效控制。生产阶段产品保证在初样开发阶段的重点是识别关键/重要特性,确定为保证特性实现可采取的控制措施及验证措施的有效性;正样生产阶段的重点是控制措施的落实及确认。

8.1.3 产品保证实施基础保障

产品保证实施基础保障包括产品保证组织、产品保证队伍、产品保证流程和产品保证文件。其中产品保证组织是基础,为产品保证队伍建设、产品保证流程制定和产品保证文件管理提供组织支持;产品保证队伍是关键,是产品保证活动的直接组织者和参与者;产品保证流程是抓手,驱动产品保证工作及时有序开展;产品保证文件是载体,确保产品保证实施过程有策划、有记录、有总结。

8.1.3.1 产品保证组织

产品保证组织主要负责策划和制定企业产品保证体系和机制,制定产品保证工作程序和标准,开发和推广应用产品保证方法和工具,并持续改进,组织产品保证技术研究,支持和监督企业产品保证工作全面规范实施。

产品保证组织负责企业各级产品保证人员的业务管理,根据业务层级不同,可以采用不同的管理方式。针对产品保证体系建设和实施监控,设置产品保证管理人员,直接隶属于产品保证组织;针对技术专业或者产品,设置专业或者产品的产品保证人员,可以隶属于产品保证组织,也可以隶属于专业技术部门或者产品部门。如果此类人员隶属于专业技术部门或者产品部门,产品保证组织应负责其业务归口管理,并具有相应的考核权限。

产品保证组织应独立行使产品保证职责，不受型号任务和产品研制团队的制约。

8.1.3.2 产品保证队伍

专业化的产品保证队伍是产品保证工作实施的关键，决定了产品保证工作实施的水平。宇航产品的产品保证队伍主要包含产品保证工程师和专业技术产品保证工程师。产品保证队伍管理主要包括队伍设置、晋升机制建设及素质评价三方面内容。

1. 设置独立的产品保证队伍

从设计队伍中选取具有丰富产品开发经验的人员，建立独立的产品保证队伍。产品保证人员定位为高级技术人员，赋予技术与管理的双重职责。在岗位设置上实现产品保证与设计、生产等岗位相分离，以确保其具有独立话语权。

产品保证人员的选聘应考虑以下几方面要求：

（1）按照产品实际特点设置产品保证人员的配置数量；

（2）产品保证人员应具备丰富的产品开发经验；

（3）产品保证人员应具备质量管理的必要知识和基本技能；

（4）产品保证人员受聘后应继续在一线工作，密切参与产品开发活动。

2. 建立产品保证队伍晋升流动机制

将产品保证岗位纳入企业岗位体系，统一规划，建立清晰的职业发展通道，如图8 1所示。通过合理的职业发展通道，吸引优秀人员进入产品保证队伍，促进产品保证队伍的稳定和可持续发展。

3. 构建产品保证队伍素质评价模型

为了确保产品保证队伍能够胜任产品保证工作要求，切实发挥技术风险识别与控制作用，从人员基本素质、业务素质、管理素质等维度构建阶梯式递进的产品保证人员素质评价模型，如图8－2所示，明确不同发展阶段中产品保证人员应具备的能力素质及素质的考核评价方法，为产品保证人员选拔、培训、聘用和职业发展规划提供科学支撑。

8.1.3.3 产品保证流程

构建系统化、结构化的产品保证流程，以流程为中心整合各类资源，详细给出产品开发过程不同时间点产品保证工作的重点、涉及的岗位及各岗位的职责，同时在关键节点，设置产品保证工作监控点，监控产品保证工作的实施情况，形成规范有序的、覆盖产品开发全过程的产品保证工作模式。

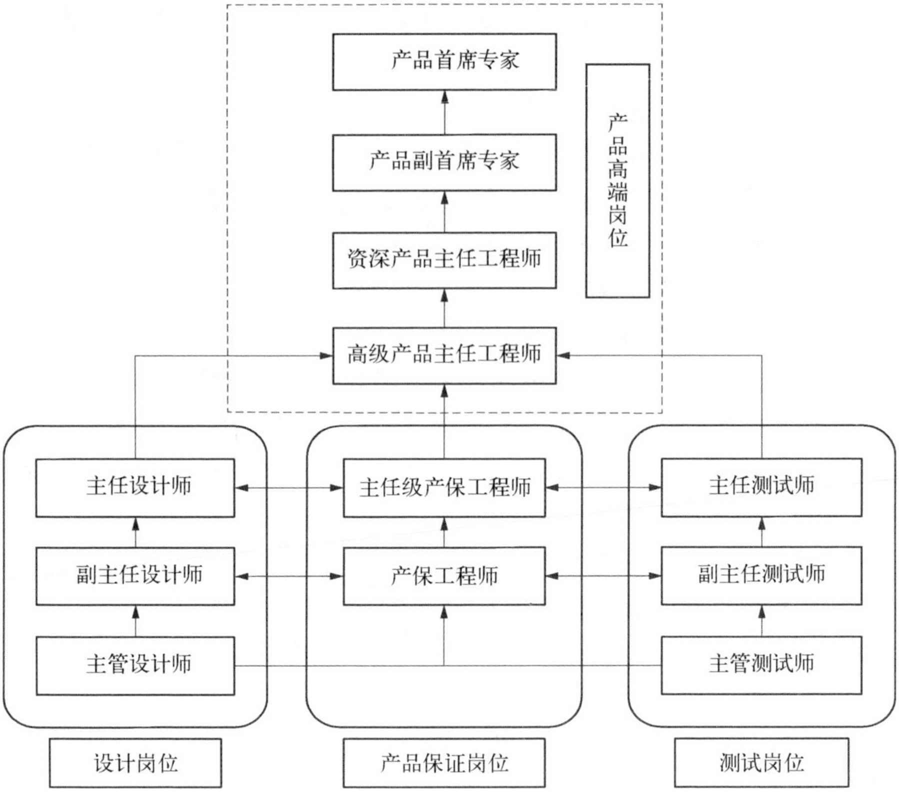

图 8－1　产品保证岗位晋升及横向流动通道示意图

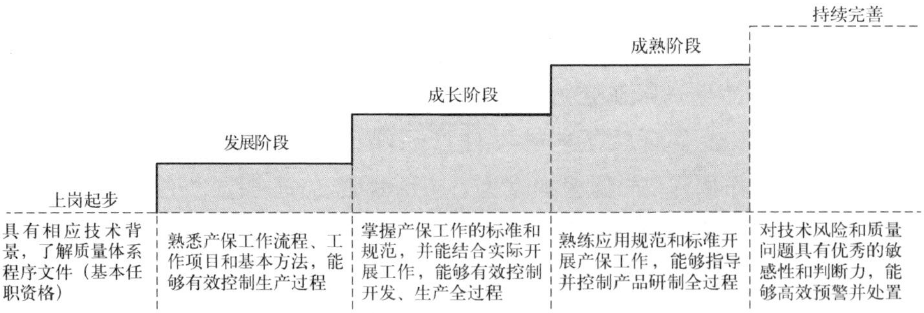

图 8－2　产品保证人员素质评价模型阶梯式递进示意图

1. 系统化设计

对产品开发相关的产品保证要求进行提炼，形成通用产品保证工作项目，将通用产品保证工作项目作为控制点，选择适宜的时机融入产品开发流程，如图 8－3 所示。

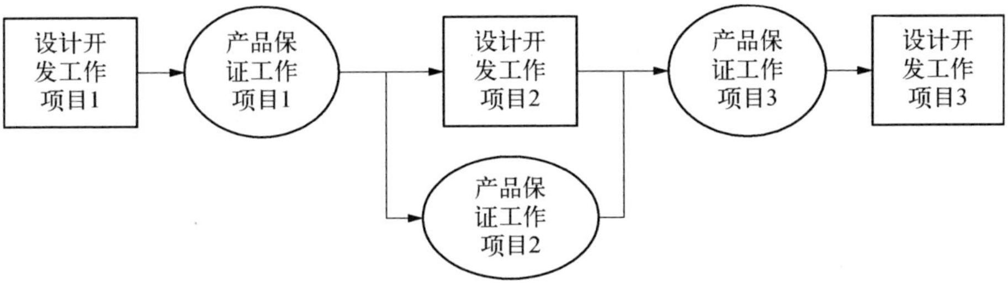

图 8-3 产品保证工作融入产品开发流程

产品保证与产品开发流程相融合，便于全面、系统、直观展示产品保证的实施时机和工作内容，指导产品保证工作有序开展和产品保证要求切实落地，避免产品保证与产品开发过程脱节。产品保证流程系统展示了按照经验总结的不同技术风险的最佳控制时机，依照流程开展产品保证工作，有利于技术风险的及早识别与控制，避免错过风险控制的最佳时机而导致后期出现质量问题。

2. 结构化设计

产品保证流程的结构化设计包含分层级和分阶段两层含义。

1）分层级

宇航产品开发过程往往涉及用户、承制方和外协供方，因此产品保证也涉及用户、承制方和外协供方三个层级。不同层级的产品保证工作重点和工作内容亦不同。统一协调各层级间的工作接口，构建相关要求传递的渠道，并明确传递和反馈的时机，确保各层级产品保证协调实施，如图 8-4 所示。

2）分阶段

宇航产品开发阶段不同，产品保证工作重点和工作内容亦不同，如产品立项阶段的主要工作为开展产品立项策划，明确产品开发目标，因此该阶段的产品保证工作重点为开展产品保证工作策划；模样阶段主要是开展关键技术攻关，因此该阶段产品保证工作重点为关键技术验证审查。根据产品开发阶段的特点确定产品保证工作项目，提升产品保证流程的指导性和可用性。

8.1.3.4 产品保证文件

产品保证文件包括策划、过程纪实、总结三类文件，如表 8-1 所示。

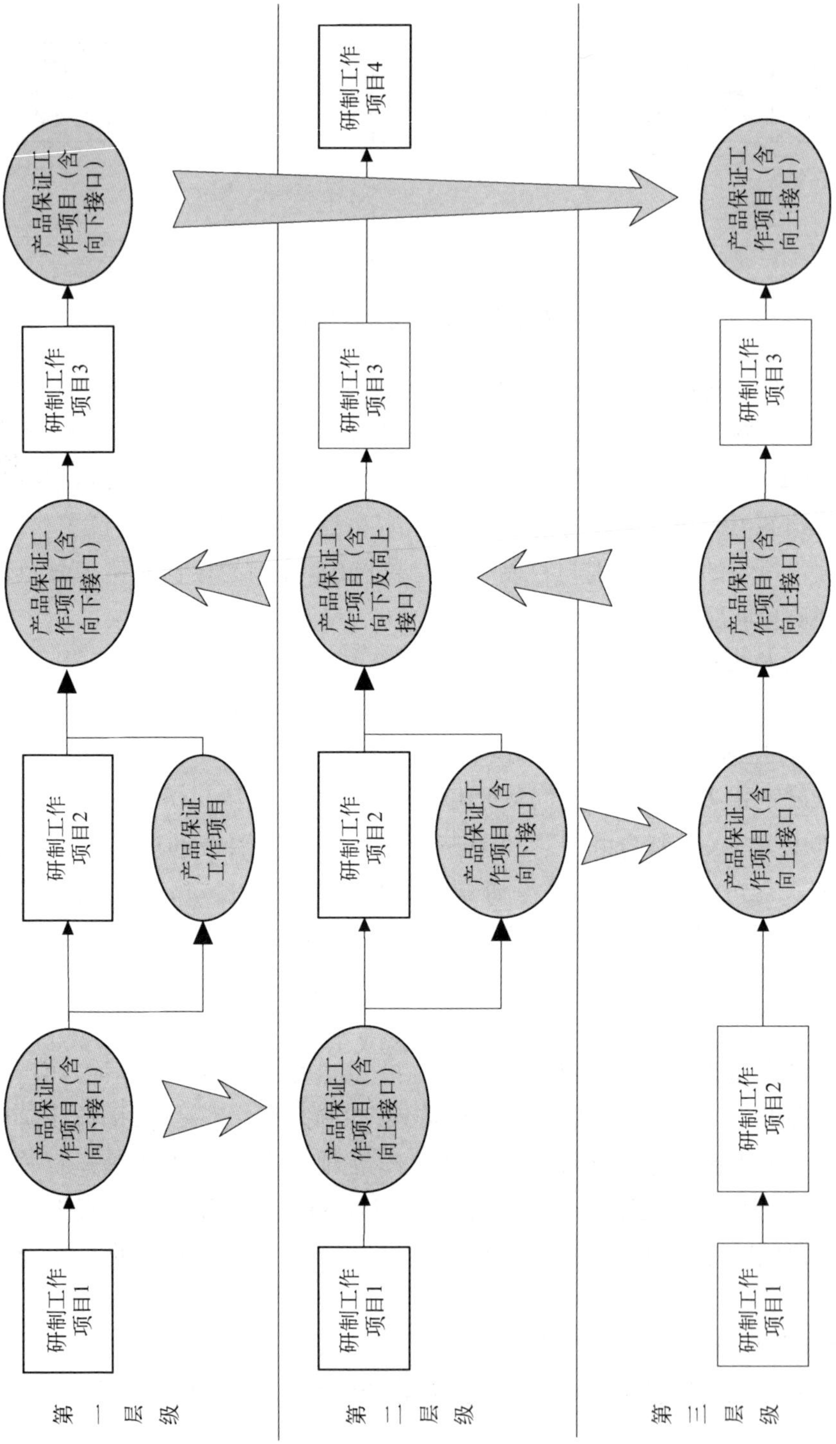

图 8－4　各层级流程及接口关系

表 8-1 产品保证文件清单

序号	文件类别	文件名称
1	策划类文件	产品保证大纲
2		产品保证计划
3		外协产品保证要求
4	过程纪实类文件	技术风险项目清单
5		关键环节及量化控制措施清单
6		项目评审控制清单
7		技术状态控制清单
8		外协产品保证要求落实清单
9		现场/实物检查记录清单
10		产品保证预警信息及跟踪清单
11		产品保证进展报告
12	总结类文件	产品保证总结报告

产品保证文件是产品保证信息传递的重要载体,建立覆盖用户、承制方和外协供方的产品保证信息传递路径,路径内信息流向清晰且呈闭环形式,有效确保产品保证要求传递到位、产品保证策划系统全面、产品保证工作规范有序开展,与产品质量有关的技术风险得到有效识别和控制。产品保证信息传递路径如图 8-5 所示。

8.1.4 产品保证与质量管理的关系

质量管理与产品保证有着共同的目标,即保证产品质量满足用户要求。质量管理体系是产品保证工作有效开展的基础,为产品保证提供职责落实和程序运行环境;产品保证是质量管理的深化发展,是质量管理体系在产品级落实的有效途径。

质量管理和产品保证存在宏观与微观的辩证关系。质量管理强调基本面的要求和维护,企业按标准要求建立质量管理体系,形成文件加以实施和保持,并持续改进完善,以确保企业具备持续提供满足用户需求的产品的能

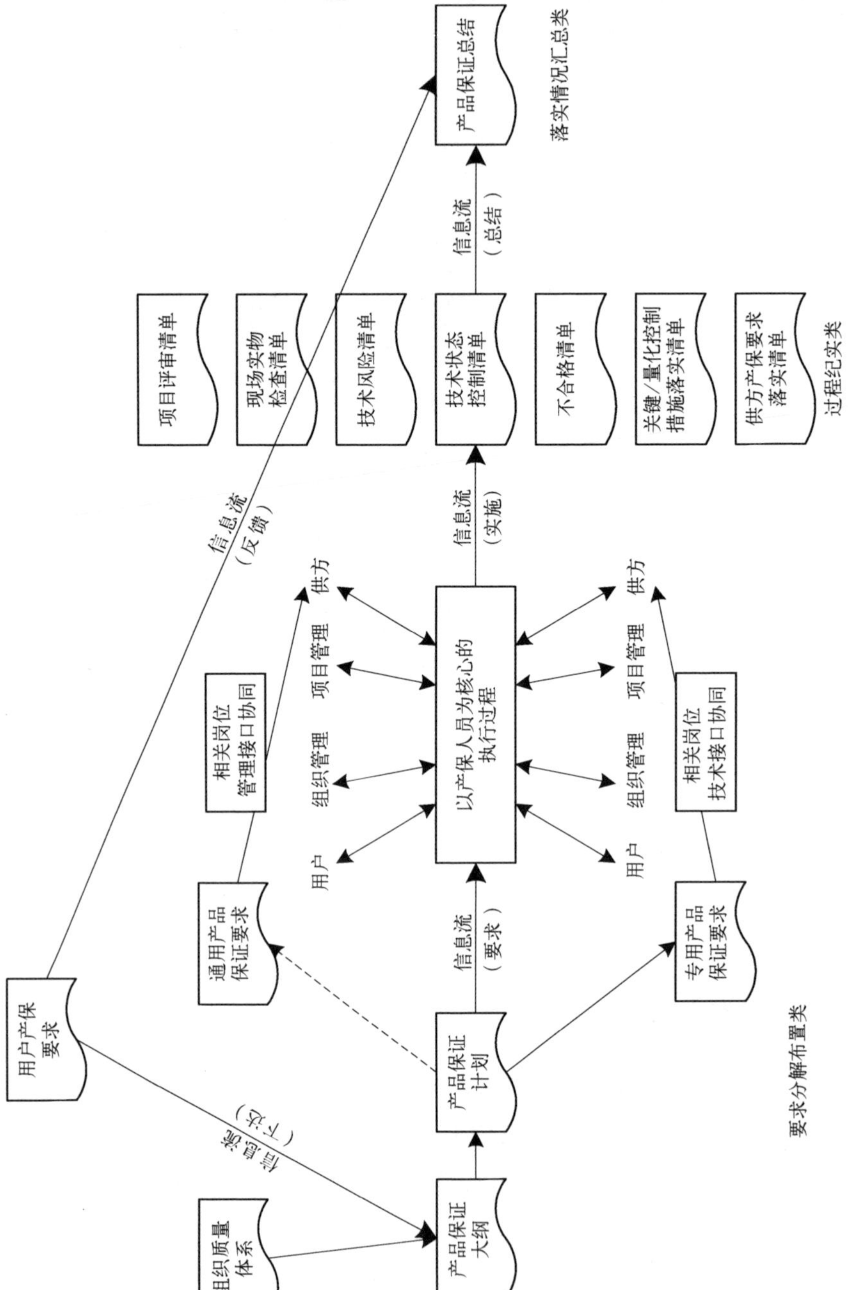

图 8－5　产品保证信息传递路径示意图

力。而产品保证是在质量管理体系基础框架上，对影响产品质量和目标实现的技术风险进行及早识别和控制，以消除或降低可能影响产品质量的风险，从而确保产品质量满足用户需求。质量管理属于管理范畴，而产品保证中的技术风险识别、评估与验证等属于技术范畴，风险控制计划发布、报告审查、控制措施的组织落实等风险控制活动属于管理范畴，因此产品保证是技术和管理的综合活动。

质量管理到产品保证是从共性到个性的过程。企业的质量管理体系由所有与质量相关的过程构成，明确过程之间的逻辑关系、执行准则和实施方法。质量管理体系对企业内所有产品的实现过程都适用，是提升企业管理能力和质量水平的坚实基础。产品保证与具体产品有着密切联系，不同产品或同一产品不同研制阶段，技术风险存在明显差异，产品保证的关注点也不相同。因此，产品保证强调在质量管理的统一要求下，依照产品自身特点，开展个性化的质量控制。

8.2 基于风险控制的宇航产品保证

技术风险控制是产品保证的核心。技术风险可以分为三类：显性技术风险、半隐性（半显性）技术风险和隐性技术风险。

显性技术风险的风险点和风险后果都非常明确，可使用明确的禁限措施或规避措施（标准规范等）来规避或降低风险后果；半隐性技术风险后果明确，但风险点是否存在并不明确，需按照一定的程序和方法进行专题分析或试验确认；隐性技术风险的风险点和风险后果都不明确，需要通过科学的程序和方法（研制试验等）将未知风险“挖”出来。

显性技术风险和少数半隐性技术风险是比较容易被识别的，也是比较容易被治理的。在宇航产品开发、生产、试验和在轨飞行过程中，宇航企业积累了丰富的风险识别和控制的经验和知识。通过规章制度的完善，建立科学的程序和识别方法，在产品保证要求中明确对风险点和风险控制措施的管控要求，只要设计过程认真细致，过程监督检查到位，显性技术风险和少数半隐性技术风险（后续统称为常规技术风险）就可以得到有效控制。

但是，隐性技术风险和多数的半隐性技术风险，尤其是隐性技术风险，很难通过制度、流程和常规经验识别和治理的。通过 DIKW 模型分析，显性技术风险和少数半隐性技术风险治理的措施是属于知识层面的，但隐性技术风险和多数的半隐性技术风险（后续统称为关键技术风险）的治理措施则是属于智慧层面的，是需要经过经验、阅历、见识的积累，形成更加深刻的认识和远见的。

8.2.1 常规技术风险管控

结合宇航产品开发全过程，贯彻风险控制思想，综合运用产品保证理论、技术和方法，通过严密的产品保证程序和规范的产品保证活动，可以保证常规技术风险得到管控，保证产品可用、可靠、安全。

为确保宇航产品保证工作的充分性，产品保证的一般要求如下。

（1）强化产品开发人员、产品保证人员、产品工艺人员的作用，加强三者在产品开发与生产过程中的综合策划和统筹协调。

（2）加强对航天器相关领域和型号项目产品保证要求的分析和确认，确保产品保证工作的充分性；加强对产品使用与运行空间环境的分析，确定产品鉴定最大包络，保证产品的适应性。

（3）把握产品风险特点，深入分析产品应用的空间领域、航天器类型、技术要求、工艺要求等，从而确定产品的风险特性、关键特性、关键过程等信息，有针对性地开展产品保证工作。

（4）强化“六性”（可靠性、维修性、保障性、测试性、安全性和环境适应性）要求在产品开发顶层的统筹考虑、源头的统筹策划、过程的统筹保证。

（5）突出产品保证工作重点，着力强化新环境、新技术引入的风险分析与管控工作；突出产品开发阶段详细设计充分性和产品可靠性保证工作，生产阶段技术状态管理精细性和飞行产品质量符合性保证工作。

（6）将产品保证工作程序和工作项目融入产品开发与生产过程。实现产品保证工作与产品开发过程的统筹策划、统筹实施，将产品保证工作项目有效融入产品开发程序，将质量控制点嵌入产品开发过程。

（7）确保产品保证信息的充分性和风险信息的透明性。通过产品保证活动信息的充分性，实现对产品保证工作的充分、客观评价，通过风险信息的透明性，确保产品风险得到有效关注和严格控制。

（8）充分利用产品保证资源。充分发挥产品开发与生产队伍、专家队伍等的支持保证作用，充分利用适宜的产品保证标准、规范、工具与方法。

面向宇航产品不同研制阶段，产品保证工作的目标、特点和工作重点均有所不同,分别确定面向开发阶段和面向生产阶段的产品保证目标和工作要求。

8.2.1.1 开发阶段产品保证

宇航产品开发阶段产品保证目标包括:

(1) 产品需求分析全面充分,包括使用环境、任务剖面等;

(2) 产品风险识别与分析全面充分,控制措施有效;

(3) 产品关键特性识别充分、控制措施有效;

(4) 对各方面的产品保证要求分析和确认充分,要求落实措施有效;

(5) 产品设计充分;

(6) 产品设计验证充分;

(7) 产品鉴定全面充分。

开发阶段的产品保证工作是在对产品使用要求和风险特点进行充分分析的基础上开展全生命周期的产品保证策划,形成配套的产品保证策划文件,配备相应的产品保证技术和资源,重点开展产品关键特性分析,进行全面的技术风险分析、识别与控制工作,开展设计与验证工作,特别是可靠性、安全性设计与验证工作,新器件、材料、工艺攻关与应用鉴定,开展产品鉴定等。

宇航产品开发阶段产品保证工作程序如图 8-6 所示。

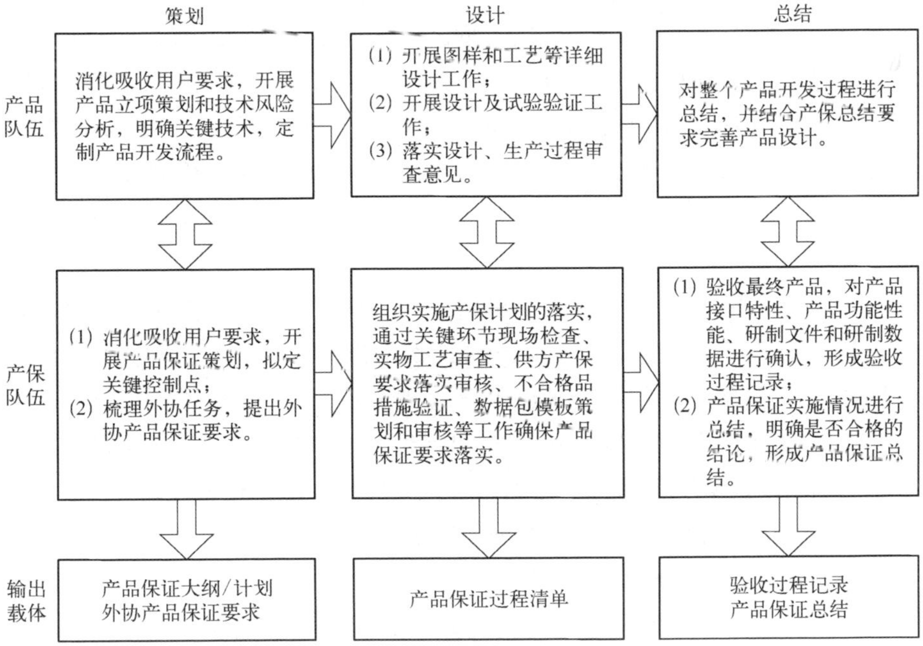

图 8-6 宇航产品开发阶段产品保证工作程序图

宇航产品开发阶段将产品开发任务书/技术要求和产品保证要求作为任务输入，其中产品任务书/技术要求重点对产品的技术指标、功能性能等作出明确规定，而产品保证要求重点对产品质量保证、可靠性保证、EEE 元器件保证等作出明确要求。

1. 宇航产品开发立项策划

在产品开发前期，开发团队对任务书/技术要求中的技术指标要求进行分解分析，开展产品可行性分析和产品实现方案制定，定制产品开发流程。

产品保证队伍则依据产品开发流程，以产品保证要求为工作输入，对用户提出的产品保证要求进行分解分析，梳理企业内部在产品保证要求落实方面具备的资源、落实的时机、落实的责任主体、落实情况的检查时机、产品保证工作方式等，依据梳理结果制定产品保证大纲和产品保证计划，作为后续开展产品保证工作的直接依据。如果涉及外协供方，产品保证队伍根据外协任务类型，制定外协产品保证要求，将用户提出的产品保证要求向外协供方传递，从而确保产品保证要求在全供应链获得全面落实。

2. 宇航产品开发实施

宇航产品开发过程中，开发团队依照定制的开发流程，按标准规范、技术要求等开展图样和工艺等详细设计和试验验证工作，依据产品保证计划落实与本岗位相关的产品保证要求，输出设计报告、图样、工艺文件等文档。

产品保证队伍依据产品保证计划，以审核、鉴定、检验、验证、评审、验收等方式开展相关产品保证活动，如组织开展设计评审、不合格品纠正措施有效性验证、外协供方产品保证要求落实情况审核等，通过对开发过程的全过程监控，输出过程纪实类文件。

3. 宇航产品开发总结

宇航产品开发后期，开发团队对整个产品的开发过程进行总结，形成总结报告。产品保证队伍组织开展产品验收工作，重点收集开发过程中存在的问题并验证闭环情况，对产品保证全过程进行总结，形成产品保证总结报告，对产品提出改进建议和升级要求，以保证产品在后续生产阶段的正确性。开发团队后续根据产品保证队伍提出的建议，完成产品改进和升级工作。

风险性和系统性是宇航产品开发阶段产品保证工作的两大特点，是建立产品保证工作程序的关键所在。

产品保证的核心为技术风险控制，产品保证要求的落实过程即为技术风险识别与控制的过程，不同的要求对应不同的风险等级，因此在制定产品保证计划时，必须结合产品特点、开发阶段等，制定符合实际、张弛有度的产品保证计划。

同时，在制定产品保证要求落实计划时应突出系统性，可以按照戴明的PDCA循环理论，制定专题工作策划，确定执行方法和载体，明确检查评估方式，实施后需要开展经验提炼固化。如果技术风险等级较低或者风险控制手段已经成熟，一般设置专项检查点检查确认即可。

8.2.1.2 生产阶段产品保证

宇航产品生产阶段产品保证的目标为：

（1）生产基线建立，并确认充分，控制到位；

（2）生产过程关键特性控制到位；

（3）测试、试验充分，产品缺陷得到有效剔除；

（4）过程不合格得到有效识别和控制；

（5）产品数据包完整，质量可追溯。

根据宇航产品生产阶段任务特点，宇航产品生产阶段产品保证工作重点是技术状态管理、产品质量符合性保证，主要工作内容包括：开展正样产品生产基线的建立、确认和精细控制，更改项目的分析、验证和补充鉴定；工艺及生产过程关键特性和风险的控制；生产过程检验和不合格控制；产品环境试验、产品生产缺陷的剔除；产品数据包建立和正样件最终质量确认等。

8.2.2 关键技术风险管控

针对关键技术风险，建立风险识别与控制模型，通过参加线下活动来及时识别或挖掘产品存在的关键技术风险，实施统筹管理，实现提前规避或减少关键技术风险带来的影响，提升宇航产品开发质量和效益。

关键技术风险识别与控制模型主要是面向宇航产品开发阶段，强调对影响产品质量和可靠性的隐性和半隐性的技术风险的识别和挖掘，以及控制措施的制定和验证，进一步实现技术风险控制前移。当宇航产品进入正样生产阶段后，则强调技术风险控制措施的落实，按现有的规章制度要求执行。

实施面向风险的产品保证管理，产品开发人员、工艺人员、测试人员、生产人员和产品保证人员均具有技术风险识别的职责，通过相互协作和补充，最终目的是密织技术风险控制之网，确保技术风险得到提前识别与控制。这就要求开发团队中的相关人员不仅知道哪些是技术风险，还要知道为什么是技术风险，不仅知道技术风险控制措施是什么，还要知道控制措施的控制关键是什么。

对于技术风险的识别与控制,产品保证人员的管控重点在“线下”而不是“线上”。“线下”是指产品开发过程中开展的各类技术讨论、图纸审查、实物验证等活动,“线上”是指最后形成的各类报告、单据、评审等。只有积极参与“线下”活动,融入产品开发团队,深刻了解产品开发过程,才能更好地了解开发队伍的设计意图、存在不确定性的环节、需重点关注的项目等,为后续技术风险的识别、控制奠定基础。图 8－7 为关键技术风险识别与控制工作和管理流程。

“线下”活动的开展需根据产品特点而确定。“线下”活动与流程中的审查点有一定的区别,审查点通常为评审、审查等管理性活动,“线下”活动则更强调开发团队内部的技术讨论、实物验证等活动,如任务书讨论、关键技术讨论等,一般为技术活动。

“线下”活动过程中,主动挖掘不同岗位人员认为存在不确定性的环节或项目,视为潜在的技术风险。需要强调的是,开发过程中只要团队成员存在疑虑的内容,都可以作为技术风险进行管控,这个过程中,提出问题很重要。为协助产品保证人员快速、有效地识别各类技术风险,可以提前组织梳理“关键技术风险识别与控制指导字典”,总结以往产品保证工作的经验,提炼形成开发过程中不同阶段“线下”活动的典型活动和常见问题,将个人的经验变成组织级的财富,为风险的识别和控制提供参考,表 8－2 为某产品关键技术风险识别与控制字典示例。

此外,梳理和确立了问题话语范式,从方法上协助挖掘潜在的技术风险:

(1) 有疑问的环节是什么?

(2) 为什么有疑问? 和原来的开发经验相比有哪些差异?

(3) 一旦出现故障,会带来的何种后果或影响?

(4) 哪种后果或影响最不能接受?

(5) 现在可以采取哪些措施? 措施分解到人、机、料、法、环上,分别是什么?

“线下”活动必须形成关键技术风险识别与控制工作记录,如表 8－3 所示。工作记录的意义在于能够促使产保队伍真正参与到讨论中,能做到带着问题去,带着收集到的信息回,在过程中能切实发挥作用,提升在团队中的价值感。

针对识别出的关键技术风险,组织开发团队开展风险确认和控制措施的制定,在措施制定时要全面考虑人、机、料、法、环五个方面。

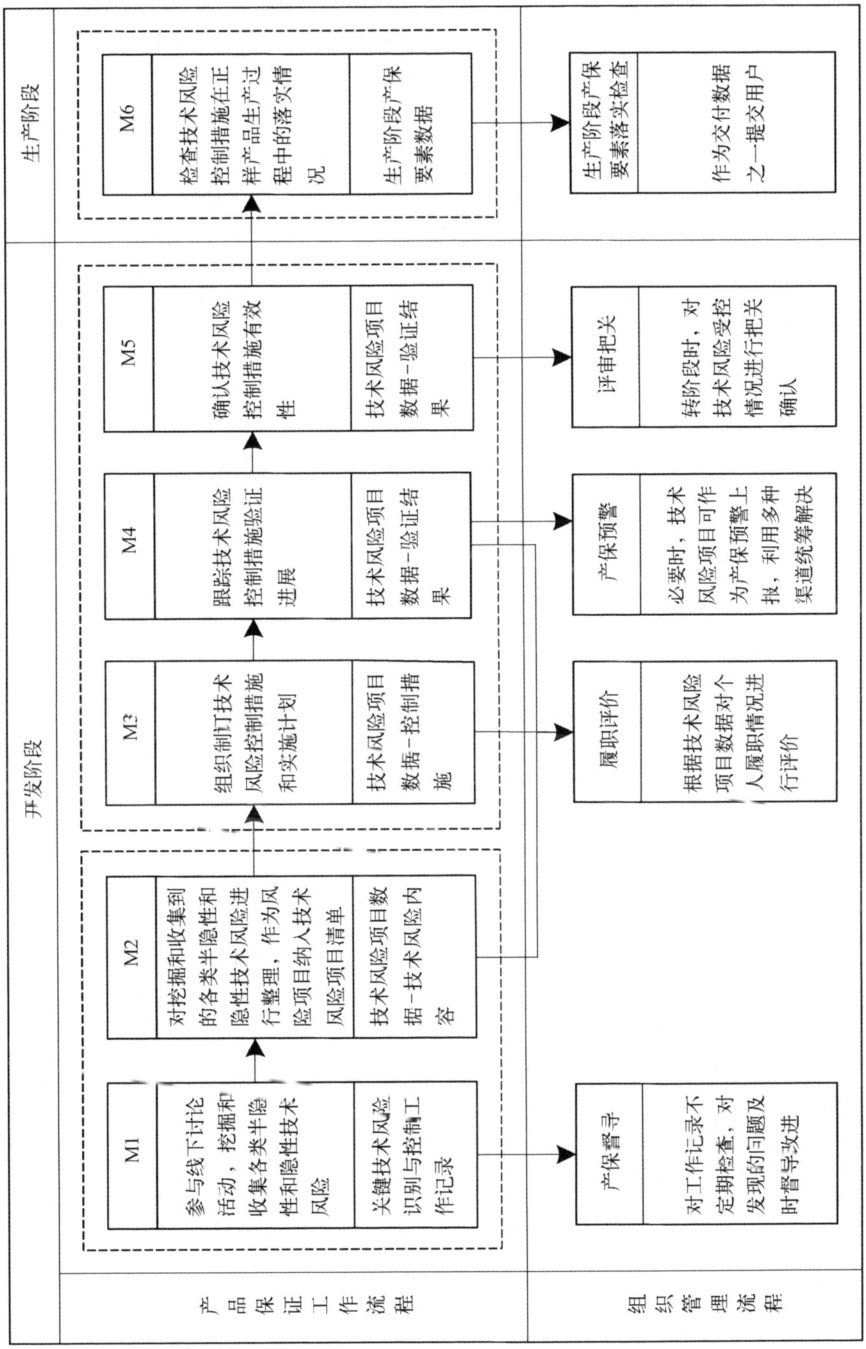

图 8-7 关键技术风险识别与控制工作和管理流程

表 8-2 某产品关键技术风险识别与控制字典示例

序号	“线下”活动	一级风险关注点	二级风险关注点	技术风险提示	控制建议
1	光学系统设计讨论	外协单位选择	光学系统外协单位是否首次选用	首次选用的合格供方，质量管理体系、生产基线建立、生产过程控制等方面可能较为薄弱，在这些方面应当制定较为详尽的培训计划	(1) 对光学系统外协单位情况进行评估，分析其可能存在的风险，制定培训计划，并组织实施； (2) 定期对外协现场进行检查，并对待办事项进行及时监督闭环
2	结构设计讨论	结构抗力学冲击	结构是否需承受较大冲击	深空探测类任务对冲击要求较高，以往产品可能从未经历过，需重点关注减震设计并对使用材料进行充分调研	(1) 确定减震材料的规格型号、检验标准，并确定是否在目录内； (2) 若不在目录内，需开展专项验证试验，并上报目录外审批

表 8-3 关键技术风险识别与控制工作记录表

<table>
<tr><td>产品名称</td><td colspan="2"></td><td>产品代号</td><td></td><td>研制阶段</td><td></td></tr>
<tr><td>线下活动</td><td colspan="6"></td></tr>
<tr><td>时　　间</td><td></td><td>地　　点</td><td></td><td>参与人员</td><td colspan="2"></td></tr>
<tr><td>编　　号</td><td colspan="2">1</td><td colspan="2">2</td><td colspan="2">3</td></tr>
<tr><td>可能存在的技术风险隐患</td><td colspan="2">□ 外协　□ 应用工况
□ 模块接口
……</td><td colspan="2"></td><td colspan="2"></td></tr>
<tr><td>存在风险的原因</td><td colspan="2"></td><td colspan="2"></td><td colspan="2"></td></tr>
<tr><td>可能产生的影响</td><td colspan="2"></td><td colspan="2"></td><td colspan="2"></td></tr>
<tr><td>可以采取的风险控制措施</td><td colspan="2">人：
机：
料：
法：
环：</td><td colspan="2">人：
机：
料：
法：
环：</td><td colspan="2">人：
机：
料：
法：
环：</td></tr>
</table>

针对制定出的技术风险控制措施，产品保证人员应参与验证过程，跟踪验证结果，对措施的有效性逐条确认，必要时可根据验证结果组织完善或固化技术风险控制措施。

产品阶段性评审或审查时，产品保证人员管理的技术风险项目清单需同步提交审查，评审专家对技术风险的受控情况进行集中把关确认。

8.2.3 常见产品保证活动

风险的识别与控制是个复杂的系统工作，一方面要依靠流程规范，同时，也要采用恰当产品保证活动，最常见的活动包含工艺验证、仿真分析和研制试验，其中仿真分析成本较低，但仿真结果受模型准确性影响较大，模型准确性较差就会影响仿真结果，甚至会误导开发团队导致过程反复。工艺验证和研制试验由于使用真实产品进行验证，能反映产品的真实情况，但验证成本高、验证周期长。因此，在实际开发过程中，一般采取多种活动相结合的方式，识别风险、验证并闭环。

8.2.3.1 工艺验证

宇航产品工艺验证主要包括工艺攻关和工艺鉴定。

在产品开发阶段初期，识别工艺攻关、工艺鉴定项目，制定工艺攻关实施方案及工艺鉴定试验验证方案。在开展工艺总方案设计时，对前期已开展的工艺攻关项目、新工艺的鉴定验证情况进行总结，落实工艺鉴定成果。在产品开发阶段完成前，完成所有工艺验证项目，将总结情况落实在产品工艺总结报告中。其中，工艺鉴定验证方案覆盖人、机、料、法、环、测等各方面的条件，并有足够的鉴定裕度，保证鉴定的充分性。工艺鉴定结果应形成工艺规范或操作规程，明确工艺流程、工艺参数、工艺装备，用于指导宇航产品开发和生产。

工艺验证相关产品保证活动一般包括：

（1）审查产品工艺攻关、工艺鉴定项目及其方法、程序和方案；

（2）审查未经飞行验证的工艺及清单，确保其完成了工艺鉴定；

（3）审查工艺鉴定结果，确保鉴定结果满足要求。

8.2.3.2 仿真分析

1. 仿真分析的类别

根据宇航产品特点，综合考虑仿真目标、开展时机以及模型复杂度等多种因素，可将宇航产品仿真项目分为原理性仿真、性能仿真、工艺性仿真和可靠性仿真四类，具体定义如表 8－4 所示。

表 8-4 仿真项目分类

序号	仿真类别	说明
1	原理性仿真	用来验证产品基本工作原理、控制算法是否合理
2	性能仿真	用来验证产品各项功能是否可以实现
3	工艺性仿真	用来验证产品制造、加工、装配等生产的工艺性
4	可靠性仿真	用来验证产品在力、热及其他特殊工况下的环境适应性和可靠性

2. 仿真分析的实施与改进

仿真项目在整个开发过程中的开展时机分布如图 8-8 所示。宇航产品在开发阶段初期对需开展的仿真验证项目、开展时机、仿真工具软件、仿真模型数据类型等内容进行策划,以作为后续产品开展仿真工作的依据。

在开发阶段前期注重关键技术攻关,主要开展的仿真项目是原理性仿真及部分性能仿真、工艺性仿真、可靠性仿真,并通过实物进行验证,重点关注验证产品的基本工作原理。

开发阶段中期聚焦产品的工程实现和性能验证,原则上完成产品的性能仿真、工艺性仿真、可靠性仿真。本阶段通过仿真手段将产品的各项性能分析透彻,并与物理试验结果进行比对验证。

开发阶段后期主要聚焦于产品鉴定考核和生产状态固化,开展相应物理试验进行验证,根据试验结果对仿真模型的合理性、仿真算法和参数的准确性进行修正。仿真分析验证完成后,在生产及应用阶段根据正样产品试验及在轨飞行数据,持续校正仿真模型参数,提高后续仿真的精确性。

仿真分析相关产品保证活动一般包括:

(1) 审查仿真分析策划的全面性、有效性,以充分研究产品的各项性能;

(2) 审查和评估仿真分析的充分性和有效性,充分验证产品各项性能。

8.2.3.3 研制试验

1. 研制试验的目的

为了暴露产品设计缺陷、验证设计原则和设计模型的正确性、改进设计方案,在宇航产品开发阶段开展研制试验。原则上,研制试验的深度和广度应高于鉴定试验要求,即试验项目和试验量级至少应覆盖鉴定试验,以利于产品最终通过鉴定试验的验证。在产品级试验前,尽可能开展元器件、材料、组件级试验,摸清产品关键特性规律,降低产品验证成本。

2. 研制试验的实施

产品研制试验工作流程如图 8-9 所示。

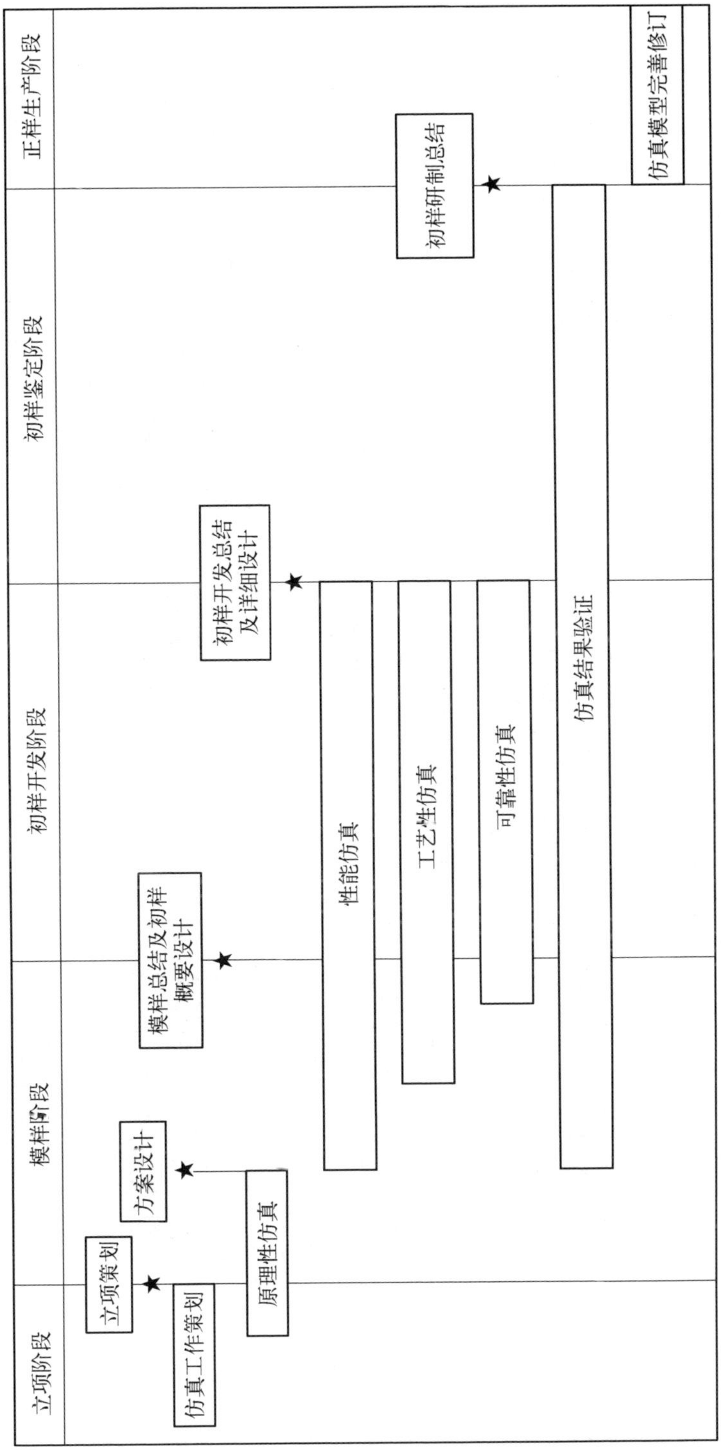

图 8-8 仿真项目在研制流程中分布示意图

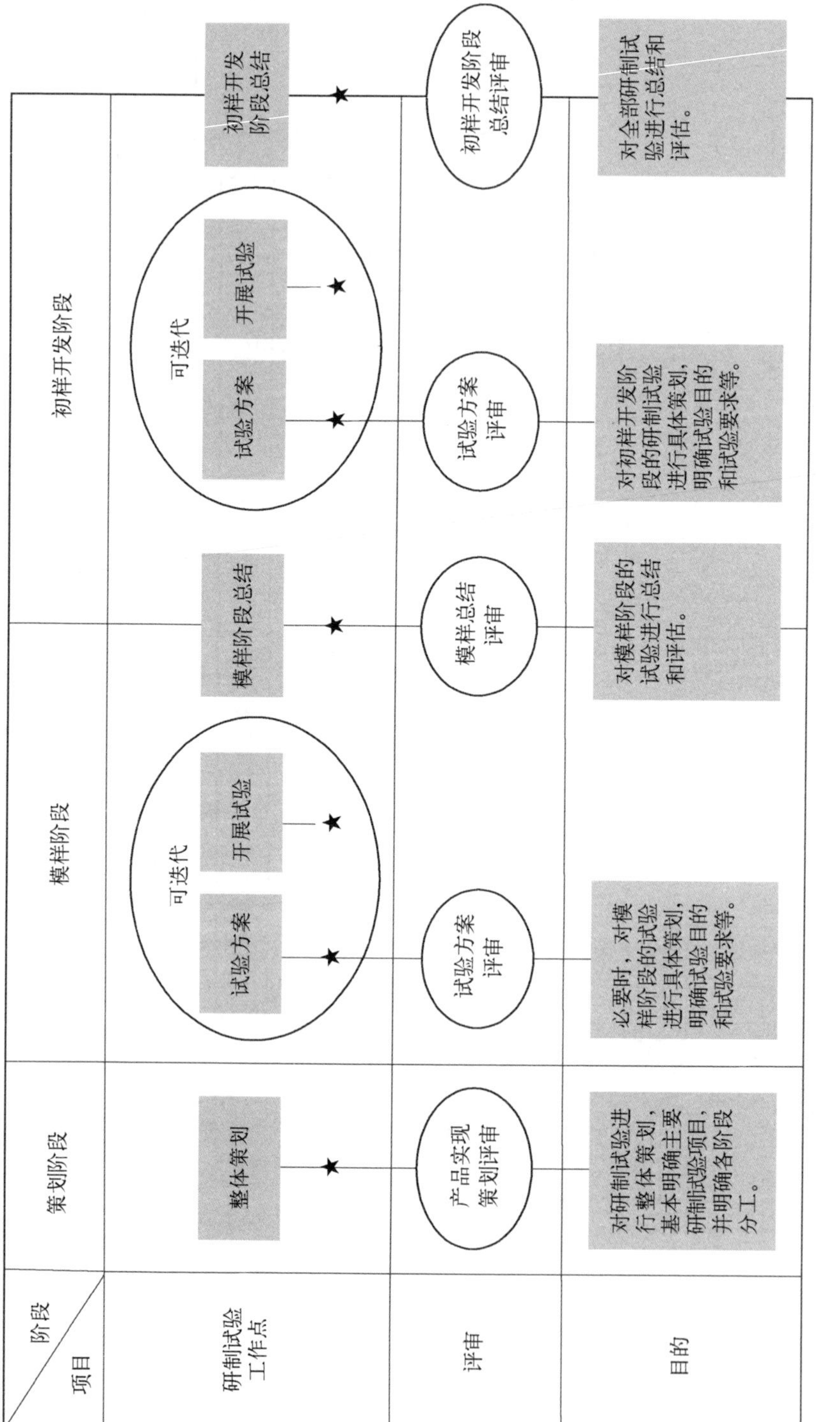

图 8－9 研制试验工作流程图

在产品开发阶段初期对研制试验进行整体策划，明确各阶段研制试验项目，合理安排试验时机。开发阶段前期研制试验的重点是对指标合理性和方案正确性进行验证，对关键技术进行攻关，最终确定产品的功能基线。开发阶段中期研制试验的重点是在前期研制试验基础上，进行全面的验证，以确定产品的研制基线。特殊情况下，若需在开发阶段中后期或生产阶段开展研制试验，需提前策划以确保风险可控。在各阶段，通过试验方案对研制试验进行具体策划，主要包括试验目的、试验要求、试验时机、试验流程、试验矩阵等，充分分析产品特性，合理确定试验项目。以某机电类产品为例，研制试验矩阵（节选）如表8－5所示。

表8－5 机电类某产品研制试验矩阵示例

试验类型	试验项目	试验目的	试验级别					试验时机		试验子样
			材料/元器件	零件	组件	整机	系统	模样阶段	初样开发阶段	
功能/性能试验	润滑试验	验证润滑设计的正确性和可靠性，验证润滑材料在产品应用工况下的适应性	√	√	√	/	/	√	/	多个
设计验证试验	磁试验	测量产品剩磁矩，为系统布局和磁设计提供依据	/	/	/	√	/	/	/	1个
环境适应性试验	模态试验	验证产品模式设计和仿真结果，为动力学试验提供参考	/	/	/	√	/	√	√	1个

3．研制试验的应用与总结

通过“试验－分析－改进”的过程，不断完善和优化产品设计，消除产品的设计和工艺缺陷，充分验证产品设计和工艺方案，完善设计模型，验证设计裕度，充分暴露故障模式，完善故障模式及影响分析清单。在研制试验工作全部结束后，对所有研制试验情况进行总结，梳理出现的问题及解决措施，评估研制试验的充分性以及与相关要求的符合情况。

研制试验相关产品保证活动一般包括:

(1) 审查研制试验策划的全面性、有效性,以充分暴露产品设计缺陷、改进设计方案和验证设计正确性;

(2) 确保研制试验按其所处阶段的技术状态控制要求进行管理,做到状态受控和可追溯;

(3) 审查和评估研制试验的充分性和有效性,确认试验过程中发现的问题和设计薄弱环节采取了有效的改进措施并已闭环。

8.3 小结

提炼形成与宇航产品协同设计相适应的产品保证工作项目,并将其合理嵌入宇航产品开发流程,以流程驱动产品保证工作实施,使产品保证活动成为产品开发过程中不可或缺的关键环节,从而实现各类技术风险控制要求的全面、规范、有序落实,实现宇航产品开发工作边际效益最大化、批量生产质量稳定等目标。

参考文献

[1] 张笃周,袁利,冶元菲.宇航产品面向全周期的设计方法与质量保证[M].北京:中国宇航出版社,2016.

[2] 余后满.航天器产品保证[M].北京:北京理工大学出版社,2018.

[3] 袁家军.航天产品工程[M].北京:中国宇航出版社,2011.

[4] 杨雪辉.基于 IPD 的航天一院型号研制质量管理研究[D].哈尔滨:哈尔滨工业大学,2012.

[5] 皮尔斯.CMMI 成功项目管理:7 个 CMMI 过程域[M].李晓丽,李虎,刘东懿,译.北京:机械工业出版社,2008.

[6] 王钧.基于 CMMI 项目管理体系结合敏捷开发的研究与实现[D].西安:长安大学,2018.

[7] 郭富才.新产品开发管理就用 IPD[M].北京:中国青年出版社,2019.

[8] 刘劲松,胡必刚.华为能,你也能:IPD 重构产品开发[M].北京:北京大学出版社,2015.

[9] 胡红卫.开发困局——开发管理变革之路[M].北京:电子工业出版社,2009.

[10] 冷力强.制胜——航天与华为创新管理[M].北京:经济管理出版社,2012.

[11] 常明山.以客户为中心的产品规划方法研究及支持系统软件开发[D].天津:天津大学,2001.

[12] 周辉.产品开发管理——构建世界一流的产品开发管理体系[M].北京:电子工业出版社,2012.

[13] 汤晓蕾.基于 IPD 模式下某产品总装厂型号质量管理研究[D].天津:天津大学,2015.

[14] 肖红艺,姜恒,刘志学.科研院所应用 IPD 管理模式探讨[J].企业科技

与发展,2013(13):146.

[15] 刘岩.哈飞汽车集团交叉型乘用车产品规划研究[D].哈尔滨:哈尔滨工业大学,2009.

[16] 张发光.基于模块化设计的锻压机器人本体结构研究[D].青岛:山东科技大学,2015.

[17] 胡云,李跃生,刘国宁,等.航天装备技术成熟度评价理论与实践[M].北京:中国宇航出版社,2016.

[18] 化柏林.论知识管理与知识工程的差异性及其发展[J].图书馆杂志,2008(11):2.

[19] 秦兴华.知识管理和知识工程技术在航空工业中的研究及应用[D].西安:西安电子科技大学,2014.

[20] 张笃周,袁利,冶元菲.多品种小批量模式的宇航产品质量保证管理方法[J].中国质量,2014(8):47.